German Short Stories 1000
Master 1000 Words with 20 Short Stories
Copyright © Kevin Marx 2021

All rights reserved. No part of this publication may be reproduced or transmitted in any form or by any means, electronic or mechanical, including photocopying, recording, or any other information storage and retrieval system, without prior permission in writing from the author.

Books by Kevin Marx:

Speak Japanese in 90 Days: A Self Study Guide to Becoming Fluent (Volume 1)

Speak Japanese in 90 Days: A Self Study Guide to Becoming Fluent (Volume 2)

Japanese Readings 1000: Master 1000 Words with 20 Short Stories

Japanese Readings 2000: Master 1000 More Words with 20 Short Stories

Japanese Study Guide: A Visual Reference for Beginning Japanese Grammar

Speak German in 90 Days: A Self Study Guide to Becoming Fluent

German Short Stories 1000: Master 1000 Words with 20 Short Stories

German Study Guide: A Visual Reference for Beginning German Grammar

Conner and the Telescope: Children's Bilingual Picture Book (Available in Spanish, Italian, French, Brazilian Portuguese, German, Japanese, Mandarin Chinese, Korean, and Russian)

Sally and the Microscope: Children's Bilingual Picture Book (Available in Spanish, Italian, French, Brazilian Portuguese, German, Japanese, Mandarin Chinese, Korean, and Russian)

Master English: Prepositions

Master English: Short Stories for English Learners

Table of Contents:

Foreword 4
Story 1: Introductions 8
Story 2: Mary Arrives in Berlin 12
Story 3: Meeting the New Roommates 16
Story 4: The Tour of Berlin 20
Story 5: Pierre Meets an Adviser 24
Story 6: Mary and Anja's Dream Jobs 28
Story 7: The Best Döner Kebab 32
Story 8: The History of Germany 35
Story 9: Walking Around the Lake 38
Story 10: The Fundamentals of Law 41
Story 11: German Film 44
Story 12: The Part-Time Job 47
Story 13: Planning a Party 50
Story 14: The Party Begins 54
Story 15: The Party Problems 58
Story 16: The Party Aftermath 62
Story 17: The European Union 67
Story 18: Translation Homework 71
Story 19: The New Product 76
Story 20: Going to the Movies 79
Glossary 80

Foreword

This is the first book in the series German Short Stories. It contains 1000 of the most common German vocabulary words and 20 short stories to practice the words in context. The stories are written for high beginner and intermediate level students. All of the grammar used in these stories can be studied with my German grammar textbook: Speak German in 90 Days.

How to Study

Begin each story by first reading each vocabulary word out loud. It is extremely important that you say everything out loud. Say the nouns in their singular and plural forms, and remember to always use the articles (der / die / das). Say each verb in its infinitive, 3rd person present tense, simple past, and past participle. After practicing the vocabulary words, read the story out loud. I recommend reading the story you are studying at least three times a day. The more often you practice, the faster you will improve.

Notes on Vocabulary and Formatting

This book contains 1000 of the 2000 most common German vocabulary words. The next book in the series, German Short Stories 2000, contains the other half of the most common 2000 words. However, extremely common words and grammatical words that you should already know are not featured. Pronouns, articles, conjunctions, prepositions, numbers, and country names are not featured even if they are part of the most common 2000 German words. Because those words were eliminated, featured vocabulary words were actually taken from the most common 2500. If a featured vocabulary word is not part of the most common 2500, it will be followed by an asterisk*.

Each vocabulary word will be preceded by a number which will correspond to the line where it appears in the story. Words will only be featured in the vocabulary list the first time they appear in the book, even if they appear in subsequent stories, so it is recommended to read the stories in order.

Nouns will be preceded by their gender article, with the plural form written in parenthesis. If there are no parenthesis, the plural form is the same as the singular form. The first letter will show if there is a vowel change, and the second letter preceded by a dash will be the ending. Study the following example:

[*n*] das Bad (ä, -e) **bath**
The plural form of bath is: die Bäde.

Strong verbs will be written with the irregular 3rd person conjugation in parenthesis after the infinitive, followed by the simple past and participle inside vertical bars. Verbs with a separable prefix will have an apostrophe between the prefix and the verb. Verbs that always take the dative case will be noted with *dat.* Verbs that always use a specific preposition that is different from the English equivalent will have that preposition written in italics. Study the following examples:

[*v*] sehen (sieht) |sah, gesehen| **to see**
[*v*] an'zeigen **to show / to display / to indicate**
[*v*] *dat.* vertrauen **to trust / to have confidence in**
[*v*] verzichten *auf* **to do without / to renounce / to abstain** *from*

The glossary will list the featured vocabulary words alphabetically, English first. Derivatives of verbs will be listed under the verb, separated by bullet points. Study the following example:

[*v*] **to see** sehen (sieht) |sah, gesehen|
· [*n*] **view / sight / visibility** die Sicht
· [*adj*] **visible / exposed** sichtbar

Good luck and I hope you enjoy studying with this book!

Story 1 Vocabulary:
1) [v] heißen |hieß, geheißen| **to be called (name)**
2) [v] sein (du bist, es ist) |war, gewesen| **to be**
2) [n] der Autor (-en) / die Autorin (-nen) **author / writer**
2) [n] das Buch (ü, -er) **book**
3) [adv] zunächst **first of all / to begin with / for starters**
3) [v] lassen (lässt) |ließ, gelassen| **to let / to allow**
3) [n] die Figur (-en) **figure / character**
3) [v] vor'stellen **to introduce / to present**
4) [n] die Handlung (-en) **act / action / plot (movie)**
4) [v] spielen **to play**
4) [v] haben (du hast, es hat) |hatte, gehabt| **to have**
4) [n] die Hauptfigur (-en)* **main character**
4) [n] der Mann (ä, -er) **man / husband**
4) [n] die Frau (-en) **woman / wife**
4) [adj] alle **all**
4) [n] der Student (-en) die Studentin (-nen) **college student / undergraduate**
5) [adj] ausländisch **foreign / alien**
5) [v] studieren **to study / to major**
6) [v] dat. sich an'schauen* **to take a look at / to watch**
6) [v] dat. folgen **to follow**
6) [n] das Profil (-e)* **profile**
7) [v] hoffen **to hope**
7) [v] werden (du wirst, es wird) |wurde, geworden| **to become**
7) [v] genießen |genoss, genossen| **to enjoy**
7) [n] die Geschichte (-n) **history / story**
7) [v] kennen'lernen* **to get to know / to meet**
8) [n] der Name (-n) **name**
9) [n] das Geschlecht (-er) **gender / sex**
9) [adj] weiblich **female / feminine**
10) [n] die Nationalität (-en)* **nationality**
11) [n] das Alter **age / seniority**
12) [n] das Hauptfach (ä, -er)* **major (school) / main subject**
12) [n] die Kunst (ü, -e) **art**
13) [n] das Hobby (-s)* **hobby**
13) [v] malen* **to paint / to color**
13) [v] zeichnen **to draw / to sketch**
13) [adj] fremd **foreign / alien**

13) [n] die Sprache (-n) **language**
15) [adj] männlich **male / masculine**
18) [n] der Ingenieur (-e) / die Ingenieurin (-nen)* **engineer**
18) [n] die Wissenschaft (-en) **science**
19) [n] das Videospiel (-e)* **video game**
19) [n] die Musik **music**
19) [v] machen **to make / to do**
19) [n] das Auto (-s) **car / vehicle**
19) [v] fahren (fährt) |fuhr, gefahren| **to drive / to go**
24) [n] die Wirtschaft (-en) **economy**
25) [v] lesen (liest) |las, gelesen| **to read**
25) [v] schwimmen (schwimmt) |schwamm, geschwommen|* **to swim**
25) [v] singen |sang, gesungen| **to sing**
30) [n] der Betrieb (-e) **business / company / operation**
31) [v] kochen* **to cook / to boil**
31) [n] das Training (-s)* **weight lifting / workout**
31) [n] der Fußball* **football / soccer**

Story 1: Introductions

1) Hallo. Ich heiße Kevin Marx.
2) Ich bin der Autor dieses Buches.
3) Zunächst, lassen Sie mich die Figuren vorstellen.
4) Die Handlung dieses Buches spielt in Berlin und hat vier Hauptfiguren, zwei Männer und zwei Frauen, die alle Studenten sind.
5) Zwei sind Deutsch, und zwei sind ausländische Studenten.
6) Bitte schauen Sie sich das folgende Profil an.
7) Ich hoffe, Sie werden es genießen, diese Figuren in den folgenden Geschichten kennenzulernen!

8) Name: Anja Köhler
9) Geschlecht: weiblich
10) Nationalität: Deutsch
11) Alter: 22
12) Hauptfach: Kunstgeschichte
13) Hobbys: Malen, Zeichnen, Fremdsprachen

14) Name: Jonas Schmidt
15) Geschlecht: männlich
16) Nationalität: Deutsch
17) Alter: 21
18) Hauptfach: Ingenieurwissenschaften
19) Hobbys: Videospiele, Musik machen, Autofahren

20) Name: Mary Warner
21) Geschlecht: weiblich
22) Nationalität: Amerikanisch
23) Alter: 20
24) Hauptfach: Wirtschaftswissenschaften
25) Hobbys: Lesen, Schwimmen, Singen.

26) Name: Pierre Dubois
27) Geschlecht: männlich
28) Nationalität: Französisch
29) Alter: 22
30) Hauptfach: Betriebswirtschaft
31) Hobbys: Kochen, Training, Fußball spielen

Story 2 Vocabulary:
1) [adj] früh **early**
1) [n] der Herbst (-e) **fall / autumn**
1) [adj] regnerisch **rainy** *
1) [n] der Tag (-e) **day**
1) [v] an'kommen |kam an, angekommen| **to arrive / to attain**
1) [n] der Flughafen (ä) **airport**
2) [n] der Zoll (ö, -e)* **customs**
2) [v] durch'laufen (läuft durch) |lief durch, durchgelaufen|* **to pass through / to go through**
2) [v] sich treffen (trifft) |traf, getroffen| **to meet / to encounter**
2) [adj] andere **different / other**
2) [n] der Austausch **exchange / replacement**
2) [n] der Punkt (-e) **point / spot / dot**
3) [n] der Vertreter / die Vertreterin (-nen) **representative**
3) [n] die Universität (-en) **university**
3) [v] bei'treten (tritt bei) |trat bei, beigetreten|* **to join / to enter into**
3) [adj] bald **soon**
3) [n] die Gruppe (-n) **group / category**
3) [v] sprechen (spricht) |sprach, gesprochen| **to speak**
3) [n] der Plan (ä, -e) **plan / map / schedule**
3) [n] der Rest (-e) **rest / remainder**
4) [adj] willkommen* **welcome**
4) [adj] gut **good**
4) [n] der Flug (ü, -e) **flight**
4) [adj] alle **all**
4) [adj] bereit **ready / willing**
5) [v] gehen |ging, gegangen| **to go / to walk / to work**
5) [n] jemand **someone / anyone**
5) [v] fragen *nach* **to ask** *about* **/ to question**
6) [adv] zuerst **first of all / at first**
6) [n] der Bus (-se) **bus**
6) [n] der Bahnhof (ö, -e)* **train station**
6) [v] nehmen (nimmt) |nahm, genommen| **to take**
6) [n] der Zug (ü, -e) **train**
6) [n] die Wohnung (-en) **apartment / residence**
6) [adj] spät **late**
6) [n] der Abend (-e) **night / evening**
6) [adj] klein **small**

6) [n] das Lokal (-e) **bar / pub**
7) [v] können (kann) |konnte, gekonnt| **can**
7) [adv] kaum **hardly / rarely**
7) [v] erwarten **to expect / to await / to anticipate**
7) [n] das Bier (-e)* **beer**
7) [v] probieren* **to try / to taste / to sample**
7) [v] sagen **to say**
8) [v] sammeln **to collect / to gather**
8) [n] das Gepäck* **luggage / baggage**
8) [v] ein'steigen *in** |stieg ein, eingestiegen| **to get *on* / to board**
9) [adj] ziemlich **quite / rather / fairly**
9) [adj] voll **full / whole / complete**
9) [v] finden |fand, gefunden| **to find / to locate**
9) [n] der Platz **place / space / location**
9) [adj] müde* **tired**
9) [v] aus'sehen (sieht aus) |sah aus, ausgesehen| **to look / to look like / to appear**
9) [v] dürfen (darf) |durfte, gedurft| **may / to be allowed to**
9) [adv] hier **here**
9) [v] sitzen |saß, gesessen| **to sit / to be sitting**
11) [v] kommen |kam, gekommen| **to come**
13) [adj] schön **beautiful**
14) [v] wissen (weiß) |wusste, gewusst| **to know**
14) [n] etwas **something**
14) [n] die Information **information**
14) [v] bekommen |bekam, bekommen| **to receive / to get**
15) [v] hören **to hear**
15) [n] das Zimmer **room**
15) [adv] pro **per**
15) [n] der Mitbewohner / die Mitbewohnerin (-nen)* **roommate / flatmate**
16) [n] der Muttersprachler / die Muttersprachlerin (-nen)* **native speaker**
16) [v] üben **to practice / to exercise / to drill**
17) [v] sich unterhalten (unterhält) |unterhielt, unterhalten| **to chat / to have a conversation**
17) [n] die Weile* **while**
17) [adj] schließlich **finally / eventually / in the end**
17) [v] ein'schlafen (schläft ein) |schlief ein, eingeschlafen|* **to fall asleep**
18) [v] verbringen |verbrachte, verbracht| **to spend / to pass (time)**
18) [n] die Fahrt (-en) **drive / ride / trip**
19) [v] geben (gibt) |gab, gegeben| **to give**

19) [n] der Stoß (ö, -e)* **hit / kick / push**
19) [n] der Arm (-e) **arm**
20) [v] aus'steigen |stieg aus, ausgestiegen|* **to get out / to disembark**
20) [v] bilden **to form / to constitute / to make up**
20) [n] die Reihe (-n) **line / row (of objects)**
20) [n] der Eingang (ä, -e)* **entrance / doorway**
21) [n] die Person (-en) **person / individual**
21) [n] das Papier (-e) **paper**
21) [n] die Nummer (-n) **number**
21) [n] der Schlüssel **key**
22) [v] sich befinden |befand, befunden| **to be located / to find oneself in a situation**
22) [n] der Stock (ö, -e)* **floor (of a building)**
22) [n] der Aufzug (ü, -e)* **elevator / lift**
23) [v] sehen (sieht) |sah, gesehen| **to see**
23) [n] die Tür (-en) **door**
23) [v] stehen |stand, gestanden| **to stand**
24) [v] scheinen |schien, geschienen| **to shine / to appear / to seem**
24) [adv] jetzt **now**

Story 2: Mary Arrives in Berlin

1) »Im Frühherbst, an einem regnerischen Tag, kam Mary Warner am Berliner Flughafen an.
2) Nachdem sie den Zoll durchlaufen hatte, traf sie sich mit den anderen Austauschstudenten am Treffpunkt.
3) Bald trat eine Vertreterin der Universität der Gruppe bei und sprach über den Plan für den Rest des Tages.
4) »Willkommen in Berlin. Ich hoffe, dass ihr einen guten Flug hattet. Seid ihr alle bereit?«
5) »Wohin gehen wir?«, fragte jemand.
6) »Zuerst fahren wir mit dem Bus zum Bahnhof. Dann nehmen wir den Zug bis zu euren Wohnungen. Später am Abend gibt es eine kleine Willkommensparty in einem Lokal.«
7) »Ich kann es kaum erwarten deutsches Bier zu probieren«, sagte jemand.
8) Mary und die anderen sammelten ihr Gepäck und stiegen in den Bus ein.
9) Der Bus war ziemlich voll. Mary fand einen Platz neben einem müde aussehenden Mann.
10) »Darf ich hier sitzen?«, fragte sie.
11) »Bitte«, sagte der Mann.
12) »Ich bin Mary und komme aus Amerika«, sagte sie.
13) »Ich bin Pierre und ich komme aus Frankreich. Schön dich kennenzulernen«, sagte Pierre.
14) »Weißt du etwas über die Wohnungen? Ich habe nicht viele Informationen bekommen«, sagte Mary.
15) »Ich habe gehört, es gäbe pro Wohnung vier Zimmer und wir würden zwei deutsche Mitbewohner haben.«
16) »Oh, das wäre schön, dann könnten wir mit Muttersprachlern üben.«
17) Mary und Pierre unterhielten sich noch eine Weile bis Pierre müde wurde und schließlich einschlief.
18) Mary verbrachte den Rest der Fahrt damit, ein Buch zu lesen.
19) Als sie ankamen, gab Mary Pierre einen Stoß an den Arm: »Wir sind hier«, sagte sie.
20) Alle Studenten stiegen aus dem Bus und bildeten eine Reihe vor dem Eingang der Wohnungen.
21) Jede Person bekam ein Papier mit der Wohnungsnummer und einen Schlüssel.
22) Marys Wohnung befand sich im sechsten Stock. Sie fuhr mit dem Aufzug bis zum Eingang.
23) Als sie ankam, sah sie Pierre vor der Tür stehen.
24) »Es scheint, als ob wir ab jetzt Mitbewohner sind!«, sagte Pierre.

Story 3 Vocabulary:
1) [n] das Sofa (-s)* **sofa / couch**
1) [n] das Wohnzimmer* **living room**
1) [v] fern'sehen (sieht fern) |sah fern, ferngesehen| **to watch TV**
1) [v] essen (isst) |aß, gegessen| **to eat**
1) [n] das Essen **food**
2) [v] überraschen **to surprise / to astonish**
2) [v] öffnen **to open / to unlock**
2) [adj] unbekannt **unknown / unidentified**
2) [n] die Leute **people / folk**
2) [v] ein'treten in (tritt ein) |trat ein, eingetreten| **to enter / to occur / to join**
3) [adj] beide **both**
3) [adj] neu **new**
5) [v] auf'stehen |stand auf, aufgestanden|* **to get up / to stand up**
5) [n] die Hand (ä, -e) **hand**
5) [v] drehen **to turn / to spin**
5) [n] der Kopf (ö, -e) **head**
5) [v] rufen |rief, gerufen| **to call out / to shout**
6) [n] der Gang (ä, -e) **passage / corridor / hallway**
7) [adj] kurz **short / brief**
7) [n] die Tour (-en)* **tour**
8) [v] zeigen **to show**
8) [n] die Küche (-n) **kitchen**
8) [n] das Geschirr (-e)* **dishes / tableware**
8) [n] die Pfanne (-n)* **pan / frying pan**
8) [v] auf'bewahren* **to keep / to store**
9) [n] das Bad (ä, -e) **bath**
9) [v] erklären **to explain / to clarify**
9) [v] waschen (wäscht) |wusch, gewaschen|* **to wash**
9) [n] die Maschine (-n) **machine / engine / equipment**
9) [v] benutzen **to use / to utilize**
10) [n] das Ende (-n) **end / ending / conclusion**
11) [v] sich an'hören* **to sound (good / bad)**
11) [adv] übrigens **by the way**
11) [n] der Wein (-e) **wine**
11) [v] mit'bringen |brachte mit, mitgebracht|* **to bring along**
11) [adj] gemeinsam **together / shared / joint**
11) [v] trinken |trank, getrunken| **to drink**

12) [v] lieben **to love**
13) [adv] nur **only / just**
13) [n] das Jahr (-e) **year**
13) [adj] alt **old**
13) [n] der Alkohol* **alcohol**
14) [v] stimmen **to vote / to be correct**
14) [adj] gesetzlich **lawful / legal**
14) [v] erlauben **to allow / to permit**
15) [v] lachen **to laugh**
15) [v] erzählen **to tell / to report**
15) [n] die Mutter (ü) **mother**
16) [n] die Sorge (-n) **worry / concern**
16) [n] das Geheimnis (-se) **secret / mystery**
16) [adj] sicher **safe / secure**
17) [n] der Dank **thanks**
17) [v] *dat.* vertrauen **to trust / to have confidence in**
17) [adv] noch einmal / nochmals **again / once again**
19) [adj] fast **almost / nearly**
19) [adj] leer **empty / blank**
19) [n] der Tisch (-e) **table**
19) [n] das Bett (-en) **bed**
19) [adj] groß **big / large**
19) [n] das Fenster **window**
20) [n] die Wand (ä, -e) **wall (inside)**
20) [adj] blau **blue**
20) [v] streichen |strich, gestrichen|* **to paint / to delete / to slash**
20) [v] hängen |hing, gehangen| **to hang**
20) [n] der Spiegel **mirror**
21) [n] der Blick (-e) **look / view**
21) [n] der Hof (ö, -e) **yard / courtyard**
21) [v] werfen (wirft) |warf, geworfen| **to throw / to toss / to cast**
22) [v] aus'packen* **to unpack / to unwrap**
22) [n] die Sache (-n) **thing / matter / case**
22) [adv] zurück **back / behind / reverse**
23) [n] die Heimat (-en) **home / homeland**
23) [n] die Stadt (ä, -e) **city / town**
24) [v] gebären (gebiert) |gebar, geboren| **to give birth**
24) [adj] ganz **all / whole / complete**

24) [*v*] leben **to live**
24) [*n*] das Leben **life**
24) [*adj*] lang **long**
25) [*v*] wohnen **to live / to reside**
25) [*v*] tun |tat, getan| **to do**
25) [*adj*] frei **free**
25) [*n*] die Zeit (-en) **time**
26) [*n*] der Spaß (ä, -e) **fun**
26) [*v*] mögen (mag) |mochte, gemocht| **to like**
26) [*v*] eröffnen **to open / to inaugurate**
27) [*n*] das Glück **happiness / luck / fortune**

Story 3: Meeting the New Roommates

1) Jonas saß auf dem Sofa im Wohnzimmer. Er sah fern und aß dabei sein Abendessen.

2) Er war überrascht, als sich die Tür öffnete und zwei unbekannte Leute in die Wohnung eintraten.

3) Die beiden stellten sich vor: »Hallo, ich bin Pierre und das ist Mary. Wir sind deine neuen Mitbewohner.«

4) »Hallo«, sagte Mary.

5) Jonas stand auf und gab beiden die Hand. Dann drehte er den Kopf und rief: »Anja, unsere neuen Mitbewohner sind hier.«

6) Anja kam aus dem Gang heraus: »Hallo! Ich bin Anja. Willkommen in Deutschland.«

7) Jonas und Anja gaben Pierre und Mary eine kurze Tour durch die Wohnung.

8) Sie zeigten ihnen die Küche und wo das Geschirr und die Pfannen aufbewahrt wurden.

9) Danach gingen sie in das Badezimmer und erklärten ihnen wie man das Bad und die Waschmaschine benutzt.

10) »Eure Zimmer sind am Ende vom Gang. Nachdem ihr das Gepäck ausgepackt habt, können wir uns besser kennenlernen«, sagte Anja.

11) »Das hört sich gut an. Übrigens, ich habe Wein aus Frankreich mitgebracht. Lass ihn uns gemeinsam trinken.«

12) »Ich liebe französischen Wein«, sagte Anja.

13) »Ich bin nur 20 Jahre alt. In Amerika darf ich noch keinen Alkohol trinken«, sagte Mary.

14) »Das stimmt, aber du bist jetzt in Deutschland und hier ist es gesetzlich erlaubt zu trinken!«, sagte Jonas.

15) Mary lachte und sagte: »Okay. Aber bitte erzählt meiner Mutter nichts davon.«

16) »Keine Sorge, bei uns ist dein Geheimnis sicher!«, sagte Anja.

17) »Vielen Dank! Ich vertraue euch«, sagte Mary und lachte noch einmal.

18) Pierre ging den Gang entlang und trat in sein Zimmer ein.

19) Das Zimmer war fast leer. Es gab einen kleinen Tisch, ein Bett und auch ein großes Fenster.

20) Die Wände waren blau gestrichen und an einer Wand hing ein Spiegel.

21) Vom Fenster aus konnte Pierre einen Blick auf den Hof werfen.

22) Pierre packte seine Sachen aus und ging dann ins Wohnzimmer zurück.

23) Mary, Anja und Jonas saßen am Tisch und unterhielten sich über ihre Heimatstädte.

24) »Ich wurde in Berlin geboren und lebe hier mein ganzes Leben lang«, sagte Jonas.

25) »Ich komme aus Hamburg und ich wohne seit zwei Jahren hier in Berlin. Pierre, was tust du gerne in deiner Freizeit?«, fragte Anja.

26) »Kochen macht mir Spaß. Ich möchte eines Tages ein Restaurant eröffnen.«

27) »Wow, wir haben so viel Glück! Ich kann es kaum erwarten dein Essen zu probieren!«, sagte Anja.

Story 4 Vocabulary:
1) [n] das Wochenende (-n) **weekend**
1) [v] besuchen **to visit / to attend / to tour**
1) [n] die Sehenswürdigkeit (-en)* **landmark / sightseeing place**
2) [n] der Morgen **morning**
2) [v] ab'fahren (fährt ab) |fuhr ab, abgefahren|* **to leave / to depart**
2) [n] das Wetter **weather**
2) [adj] bewölkt* **cloudy / overcast**
2) [n] der Himmel **sky / heaven**
2) [adj] grau **gray**
2) [adj] klar **clear / understandable**
2) [n] die Sonne **sun**
2) [adj] erneut **again / anew**
3) [v] beginnen |begann, begonnen| **to begin**
3) [n] das Zentrum (Zentren) **center / middle**
3) [adj] historisch **historic**
3) [n] der Ort (-e) **place / location**
4) [n] der Bundestag (-e) **federal parliament / the Diet**
4) [n] das Parlament (-e) **parliament**
4) [v] versammeln* **to gather / to assemble**
4) [adj] ehemalig **former / previous**
4) [n] der Reichstag* **Reichstag**
4) [n] das Gebäude **building**
4) [adv] heute **today**
4) [n] der Politiker / die Politikerin (-nen) **politician**
4) [v] verabschieden **to pass a law / to adopt**
4) [n] das Gesetz (-e) **law**
5) [n] der Präsident (-en) / die Präsidentin (-nen) **president**
6) [adj] eigentlich **actually / really**
6) [n] die Macht (ä, -e) **power / force**
6) [n] das System (-e) **system**
6) [n] der Bundeskanzler / die Bundeskanzlerin (-nen)* **Chancellor**
6) [adj] meist **most**
6) [v] besitzen |besaß, besessen| **to own / to possess / to hold**
7) [n] das Tor (-e) **gate / gateway**
7) [v] halten (hält) |hielt, gehalten| **to hold / to halt / to stop moving**
7) [adj] berühmt **famous / renowned**
7) [n] die Rede (-n) **speech / talk**

8) [adv] anschließend* **then / after that / subsequently**
8) [adj] jüdisch **Jewish**
8) [n] das Denkmal (ä, -er)* **memorial / monument**
8) [v] bauen **to build / to construct / to make**
8) [n] der Jude (-n) / die Jüdin (-nen) **Jewish person**
8) [n] der Krieg (-e) **war**
8) [v] töten **to kill**
8) [v] sich erinnern *an* **to remember / to remind / to recall**
9) [adj] interessant **interesting**
9) [adv] außen **outside / external**
9) [n] der Boden (ö, -en) **floor / ground / soil**
9) [adj] tief **deep**
9) [n] der Stein (-e) **stone / rock**
9) [n] die Metapher (-n)* **metaphor**
10) [v] sollen (soll) **shall / should**
10) [adj] nächst* **next**
10) [v] gefallen (gefällt) |gefiel, gefallen| **to be pleasing**
10) [n] die Kirche (-n) **church**
10) [n] der Osten **east**
10) [n] der Dom (-e)* **cathedral / dome**
11) [n] das Rathaus (ä, -e)* **city hall**
11) [n] die Nähe **vicinity / proximity**
11) [adv] vielleicht **maybe / perhaps**
11) [n] der Bürgermeister **mayor**
12) [adj] wirklich **really / actually**
13) [adj] natürlich **natural / of course / naturally**
13) [v] scherzen* **to joke / to jest**
15) [adv] dort **there / over there**
15) [n] der Fall (ä, -e) **case / event / fall / circumstance**
15) [n] die Mauer (-n) **wall (outside)**
15) [n] der Protest (-e) **protest**
15) [n] der Kommunismus **communism**
15) [v] teil'nehmen (nimmt teil) |nahm teil, teilgenommen| **to participate / to take part**
16) [n] der Fluss (-e) **river / stream**
16) [adv] da **there**
16) [n] der Künstler / die Künstlerin (-nen) **artist**
16) [adj] übrig **left / remaining**
16) [v] bleiben |blieb, geblieben| **to stay / to remain**

16) [v] bemalen* **to paint (artistic)**
17) [n] der Westen **west**
18) [adv] nun **now / well...**
18) [n] der Kaiser / die Kaiserin (-nen) **emperor / empress**
18) [v] bombardieren* **to bomb / to bombard**
18) [n] das Schloss (ö, -er) **castle / palace**
19) [v] laufen (läuft) |lief, gelaufen| **to run / to walk / to go**
19) [n] der Park (-s)* **park**
20) [n] die Idee (-n) **idea / thought / concept**
20) [adj] nackt* **naked / nude**
21) [v] schockieren* **to shock**
21) [n] das Gesicht (-er) **face**
21) [n] der Ausdruck (ü, -e) **expression / term / phrase**
21) [v] reden *von* **to talk** *about* **/ to speak**
22) [n] das Volk (ö, -er) **people / folk / populace**
22) [v] schätzen **to estimate / to assess / to value**
22) [n] die Freiheit **freedom / liberty**
22) [n] der Körper **body / torso**
22) [n] die Kultur (-en) **culture / civilization**
22) [v] nennen |nannte, genannt| **to name / to call**
22) [adj] grundsätzlich **basically / principally**
22) [n] die Nacktheit* **nudity**
22) [n] der Ausländer / die Ausländerin (-nen) **foreigner**
22) [adj] seltsam **strange / weird**
23) [v] bedeuten **to mean**
24) [adv] oft **often**
24) [v] sich sonnen* **to sunbathe / to tan**
24) [adj] heftig **violent / fierce / intense**
25) [v] entscheiden |entschied, entschieden| **to decide / to rule**
26) [n] die Entscheidung (-en) **decision / ruling**

Story 4: The Tour of Berlin

1) Am Wochenende besuchten Jonas, Anja, Mary und Pierre die Sehenswürdigkeiten Berlins.

2) Als sie am Morgen abfuhren, war das Wetter bewölkt und der Himmel grau. Später wurde es aber klarer und die Sonne schien erneut.

3) Sie begannen im Stadtzentrum und besuchten viele historische Orte.

4) Sie besuchten den Bundestag, wo sich das Parlament versammelt: »Der ehemalige Name des Parlaments war "Reichstag", weswegen das Gebäude noch heute Reichstagsgebäude heißt. Hier treffen sich die Politiker und verabschieden Gesetze«, sagte Anja.

5) »Hat Deutschland einen Präsidenten?«, fragte Mary.

6) »Ja, aber der Präsident hat eigentlich keine Macht. Wir haben ein System wie das britische Parlament, in dem der Bundeskanzler die meiste Macht besitzt.«

7) Als nächstes besuchten sie das Brandenburger Tor: »Hier hielt Reagan eine berühmte Rede«, sagte Anja.

8) Anschließend besuchten sie das jüdische Denkmal: »Es wurde gebaut, um an die Juden, die während des Krieges getötet wurden, zu erinnern.«

9) »Es ist sehr interessant«, sagte Mary, »von außen sieht es nicht so groß aus, aber im Zentrum wird der Boden tiefer und die Steine werden größer. Es ist eine gute Metapher.«

10) »Wohin sollen wir als nächstes gehen? Gefallen dir Kirchen?«, fragte Jonas, »Wenn wir nach Osten gehen, können wir den Berliner Dom besuchen.«

11) »Das Berliner Rathaus ist auch in der Nähe. Vielleicht kannst du mit dem Bürgermeister sprechen«, sagte Anja.

12) »Ja wirklich?«, fragte Pierre.

13) Anja lachte: »Nein, natürlich nicht! Ich scherze nur.«

14) »Das Rathaus ist in der Nähe vom Alexanderplatz, oder?«, fragte Mary.

15) »Ja, dort haben viele Leute vor dem Fall der Mauer an Protesten gegen den Kommunismus teilgenommen.«

16) »Dann können wir dem Fluss entlang zur East Side Gallery gehen. Da haben viele Künstler das, was von der Berliner Mauer übrig geblieben ist, bemalt«, sagte Jonas.

17) »Und wenn wir nach Westen gehen?«, fragte Pierre.

18) »Es gibt die Kaiser-Wilhelm-Gedächtniskirche. Sie wurde während des Krieges bombardiert. Man kann sehen, was noch übrig geblieben ist. Es gibt auch das Schloss Charlottenburg.«

19) »Wir können auch durch den Tiergarten laufen. Das ist ein schöner Park.«

20) »Das ist eine gute Idee, aber ich weiß nicht, ob Mary für die nackten alten Männer bereit ist.«

21) Mary machte einen schockierten Gesichtsausdruck: »Wovon redest du?«

22) »Nun, das deutsche Volk schätzt die Freiheit. Wir haben etwas, was Freikörperkultur oder kurz FKK genannt wird. Grundsätzlich gibt es in Deutschland fast keine Gesetze gegen Nacktheit. Ausländer finden das seltsam, oder?«

23) »Was bedeutet das?«

24) »Es bedeutet, dass alte Männer im Park oft nackt sind und sich sonnen«, sagte Jonas und lachte heftig.
25) »Ich habe mich entschieden. Ich möchte lieber nach Osten gehen«, sagte Mary.
26) »Gute Entscheidung«, sagte Pierre.

Story 5 Vocabulary:
1) [v] müssen (muss) |musste, gemusst| **must / have to**
1) [adj] akademisch* **academic**
1) [n] der Berater / die Beraterin (-nen)* **adviser / counselor**
1) [n] das Studium (Studien) **academic studies / course of study**
1) [v] besprechen (bespricht) |besprach, besprochen|* **to discuss / to talk about / to review**
2) [v] überqueren* **to cross / to cross over**
2) [n] die Brücke (-n) **bridge**
3) [v] warten **to wait**
3) [adj] weit **far / wide / lone**
3) [adj] weg **far / distant / away**
3) [adj] schnell **fast / quick**
3) [v] rennen* **to run / to sprint**
4) [v] erreichen **to reach / to achieve**
4) [adj] rot **red**
5) [adv] schon **already**
6) [n] die Uhr (-en) **clock / watch / o'clock**
6) [adj] genau **exactly**
6) [n] der Termin (-e) **appointment / meeting / date**
6) [n] die Minute (-n) **minute**
8) [v] sich beeilen* **to hurry / to rush**
8) [adv] sehr **very**
8) [adj] wichtig **important**
9) [n] der Moment (-e) **moment**
9) [n] das Telefon (-e) / das Handy (-s) **telephone / cell phone**
9) [v] klingeln* **to ring**
10) [v] ans Telefon gehen |ging, gegangen|* **to answer the phone**
11) [n] die Entschuldigung (-en)* **excuse / apology**
11) [n] die Verspätung (-en)* **delay / late arrival**
11) [v] leid'tun |tat leid, leidgetan|* **to be sorry / to feel sorrow**
11) [n] der Weg (-e) **road / path / way**
11) [adv] sofort **immediately / instantly / at once**
11) [n] das Ecke (-n) **corner**
12) [v] suchen *nach* **to search / look** *for*
12) [adj] richtig **correct / right**
12) [n] der Raum (ä, -e) **room / space**
13) [n] der Hausmeister / die Hausmeisterin (-nen)* **janitor / custodian**
13) [v] kehren **to sweep**

15) [n] die Treppe (-n)* **stairs / stairway**
15) [v] hoch'gehen |ging hoch, hochgegangen|* **to go up / to go off**
15) [adj] links **left**
15) [v] ab'biegen |bog ab, abgebogen|* **to turn / to bend**
15) [adj] ungefähr **approximate / rough / about**
15) [n] der Meter **meter**
15) [n] die Toilette (-n)* **toilet**
16) [v] danken **to thank**
17) [n] das Herz (-en) **heart**
17) [v] schlagen (schlägt) |schlug, geschlagen| **to hit / to strike / to beat**
17) [adj] stark **strong**
17) [n] das Bein (-e) **leg**
17) [v] an'fangen (fängt an) |fing an, angefangen| **to start / to begin / to initiate**
17) [v] schmerzen **to hurt / to be painful**
18) [v] holen **to fetch / to go get / to pick up**
18) [n] die Luft (ü, -e) **air / breath**
18) [v] klopfen* **to knock**
20) [n] der Stuhl (ü, -e)* **chair / seat / stool**
21) [n] die Vorstellung (-en) **imagination / idea / introduction**
21) [n] das Gespräch (-e) **talk / conversation**
21) [n] der Job (-s) **job**
21) [adv] bisschen **a little bit / a small amount of / somewhat**
21) [v] beraten (berät) |beriet, beraten| **to advise / to counsel**
21) [n] der Rat **advice**
21) [adv] immer **always**
21) [n] der Unterricht (-e) **lesson / class / instruction**
21) [n] der Lehrer / die Lehrerin (-nen) **teacher**
21) [adj] wütend* **angry / mad / furious**
22) [adv] normalerweise **normally / usually / typically**
22) [adv] selten **rarely / seldom**
22) [v] verpassen* **to miss (bus / train) / to miss out on**
23) [v] verstehen |verstand, verstanden| **to understand**
23) [v] raten (rät) |riet, geraten| **to guess / to advise**
23) [n] die Ausrede (-n)* **excuse / plea**

Story 5: Pierre Meets an Adviser

1) Pierre und Mary mussten sich mit einem akademischen Berater treffen, um ihr Studium zu besprechen.

2) Pierre überquerte eine Brücke, um zu dem Gebäude zu kommen. Viele Studenten waren dort versammelt.

3) Mary wartete vor dem Gebäude. Sie sah Pierre von weit weg schnell zu ihr rennen.

4) Als er sie erreichte, war sein Gesicht rot.

5) »Wie spät ist es? Hast du dich schon mit dem Berater getroffen?«, fragte Pierre.

6) »Es ist gegen drei Uhr«, sagte Mary und schaute ihre Uhr an, »Genauer gesagt, fünf nach drei. Mein Termin ist in zehn Minuten. Was ist mit dir?«

7) »Ich bin schon fünf Minuten zu spät«, sagte Pierre.

8) »Du solltest dich besser beeilen! In Deutschland ist es sehr wichtig pünktlich zu sein«, sagte Mary.

9) In diesem Moment begann das Handy von Pierre zu klingeln.

10) Pierre ging ans Handy heran. Es war sein Berater, der ihn fragte, wann er ankommen würde.

11) »Entschuldigung für die Verspätung. Es tut mir sehr leid. Ich bin noch auf dem Weg. Ich werde sofort da sein«, sagte Pierre und rannte um die Ecke ins Gebäude.

12) Er rannte durch den Gang und suchte nach dem richtigen Raum.

13) Auf dem Weg fand er einen Hausmeister, der den Boden kehrte.

14) »Entschuldigung, wissen Sie, wo ich Raum zweihundertsechs finden kann?«

15) »Sie müssen die Treppe hochgehen«, sagte der Hausmeister, »und dann links abbiegen. Es ist ungefähr zehn Meter an den Toiletten vorbei.«

16) Pierre dankte dem Hausmeister, rannte die Treppe hinauf und fand den Raum.

17) Sein Herz schlug stark und seine Beine fingen an zu schmerzen.

18) Bevor er an die Tür klopfte, holte er tief Luft.

19) »Bitte komm herein«, sagte der Berater.

20) »Es tut mir nochmals leid, dass ich zu spät gekommen bin«, sagte Pierre und setzte sich auf einen Stuhl.

21) »Mach dir keine Sorgen. Dies ist kein Vorstellungsgespräch für einen Job. Ich bin nur hier, um dich ein bisschen zu beraten. Mein erster Rat wäre, dass du immer pünktlich sein solltest. Wenn man zum Unterricht zu spät kommt, könnten die Lehrer wütend werden.«

22) »Danke. Normalerweise bin ich pünktlich. Ich bin selten zu spät. Aber heute habe ich den Zug verpasst.«

23) »Ich verstehe. Ich rate dir auch keine Ausreden zu suchen.«

Story 6 Vocabulary:
1) [n] die Mensa (-s)* **cafeteria (university)**
1) [n] das Mittagessen* **lunch**
2) [adj] laut **loud / noisy**
2) [n] die Stimmung (-en) **mood / atmosphere**
2) [adj] angenehm **pleasant / enjoyable / comfortable**
3) [adv] einerseits **on one hand**
3) [adv] besonders **especially / particularly**
3) [adj] lecker* **delicious / tasty**
3) [adv] andererseits **otherwise / on the other hand**
3) [adj] billig **cheap / inexpensive / reasonable**
4) [adj] frisch **fresh / new**
5) [v] versprechen **to promise / to pledge**
5) [adv] zumindest **at least**
5) [adj] warm **warm**
5) [n] der Kaffee (-s)* **coffee**
5) [adj] heiß **hot**
6) [adj] fertig **finished / done / ready**
6) [n] die Zukunft **future**
6) [v] wollen (will) **to want**
7) [n] der Beruf (-e) **job / occupation / profession**
7) [n] der Abschluss (ü, -e) **conclusion / closure / degree (university)**
8) [n] die Bank (-en) **bank**
8) [n] die Investition (-en) / das Investment (-s) **investment**
8) [n] die Firma (Firmen) **firm / company**
8) [v] arbeiten **to work**
8) [n] das Geld **money**
8) [v] verdienen **to earn / to deserve / to be worthy of**
9) [adj] reich **rich / wealthy**
9) [n] das Interesse (-n) **interest**
9) [adj] normal **normal / common**
9) [n] der Arbeitsplatz (ä, -e) **workplace**
9) [n] die Zelle (-n) **cell / booth / cubicle**
9) [n] das Büro (-s) **office / bureau**
9) [n] das Gefängnis (-se) **jail / prison**
9) [v] erschaffen* **to create / to bring into being**
9) [n] das Ding (-e) **thing / object**
10) [adv] leider **unfortunately / sadly**

10) [n] das Talent (-e)* **talent**
10) [adj] künstlerisch **artistic**
10) [n] die Fähigkeit (-en) **ability / skill / capacity**
10) [n] die Zahl (-en) **number / digit**
10) [v] an'nehmen (nimmt an) |nahm an, angenommen| **to accept / to assume / to adopt**
10) [n] das Schicksal (-e) **fate / destiny**
10) [adj] hinter **behind / after**
10) [n] der Schreibtisch (-e)* **desk**
11) [adv] wenigstens **at least / fewest**
11) [n] die Sicherheit (-en) **safety / security**
11) [n] das Museum (Museen) **museum**
12) [adv] irgendwann **sometime / someday**
12) [n] die Ausstellung (-en) **exhibition / display / show**
12) [n] das Bild (-er) **picture / drawing / image**
12) [v] kaufen **to buy / to purchase**
13) [n] die Unterstützung (-en) **support / aid**
13) [adj] tatsächlich **actual / real**
13) [n] das Foto (-s) **photo**
13) [adj] letzt **last / final**
13) [n] der Monat (-e) **month**
13) [n] die Zeitschrift (-en) **magazine / journal**
13) [v] veröffentlichen **to publish / to release**
14) [n] der Journalist (-en) / die Journalistin (-nen) **journalist**
15) [adj] möglich **possible**
15) [n] der Chef (-s) / die Chefin (-nen) **boss / director**
16) [adj] ehrlich **honest / sincere**
16) [n] der Unternehmer / die Unternehmerin (-nen) **entrepreneur / businessperson**
16) [adj] eigen **own / inherent / intrinsic**
16) [n] das Unternehmen **business / enterprise / venture**
16) [v] gründen **to establish / to found / to set up**
17) [v] klingen |klang, geklungen| **to sound / to ring**
17) [adj] schwierig **hard / difficult / challenging**
18) [n] die Werbung (-en) **advertisement / commercial**
18) [n] das Marketing* **marketing**
19) [adj] toll **great / amazing / wonderful**
19) [n] der Designer / die Designerin (-nen)* **designer**
19) [v] ein'stellen **to adjust / to set / to hire**
19) [v] entwerfen (entwirft) |entwarf, entworfen| **to design / to draft / to draw**

20) [n] (der / die) Angestellte (-n) **employee**
20) [v] *dat.* sich überlegen **to consider / to think over / to ponder**
21) [adj] bisherig **previous**
21) [n] der Mitarbeiter / die Mitarbeiterin (-nen) **co-worker / employee / colleague**
21) [adj] professionell **professional**
21) [v] *to* achten *auf* **to pay attention**
21) [n] das Detail (-s) **detail**
22) [n] die Erfahrung (-en) **experience / know-how**
22) [v] brauchen **to need**
22) [adv] mindestens **at least / at minimum**
22) [n] der Feiertag (-e)* **holiday**
23) [v] beinhalten **to include / to contain**
23) [n] die Stelle (-n) **spot / point / place / job**
23) [n] die Versicherung (-en) **assurance / guarantee / insurance**
23) [n] die Leistung (-en) **performance / accomplishment / benefits**

Story 6: Mary and Anja's Dream Jobs

1) Mary traf Anja in der Mensa zum Mittagessen.

2) Die Mensa war laut, doch die Stimmung war angenehm.

3) »Das Essen hier ist einerseits nicht besonders lecker, aber andererseits ist es billig«, sagte Anja.

4) »Solange es frisch ist, ist es okay«, sagte Mary.

5) »Das kann ich nicht versprechen. Zumindest ist es warm und der Kaffee ist heiß«, sagte Anja und lachte.

6) Als sie mit dem Essen fertig waren, begannen sie zu besprechen, was sie in der Zukunft machen wollen.

7) »Was für einen Beruf willst du nach deinem Abschluss machen?«, fragte Anja.

8) »Nun, ich studiere Wirtschaftswissenschaften, also würde ich gerne in einer Bank oder einer Investmentfirma arbeiten. Irgendwo, wo ich viel Geld verdienen kann.«

9) »Du willst reich werden! Ich auch, aber ich habe kein großes Interesse an normalen Jobs. Ein Arbeitsplatz in einem Büro ist wie eine Zelle im Gefängnis. Ich wäre lieber eine Künstlerin. Ich erschaffe gerne Dinge.«

10) »Leider habe ich kein Talent oder künstlerische Fähigkeiten, aber ich bin gut mit Zahlen. Ich nehme an, es ist mein Schicksal, hinter einem Schreibtisch in einem Büro zu arbeiten.«

11) »Wenigstens wirst du Arbeitsplatzsicherheit haben. Ich weiß nicht, was ich nach meinem Abschluss machen werde. Vielleicht kann ich in einem Museum arbeiten.«

12) »Irgendwann werden viele Leute deine Ausstellungen sehen und deine Bilder kaufen wollen. Du wirst eines Tages berühmt sein!«, sagte Mary.

13) »Danke für deine Unterstützung! Tatsächlich wurde eines meiner Fotos letzten Monat in einer Zeitschrift veröffentlicht«, sagte Anja.

14) »Machst du auch Fotos? Vielleicht kannst du eine Fotojournalistin werden.«

15) »Das stimmt. Aber wenn es möglich wäre, möchte ich keinen Chef haben. Ich möchte lieber nur Kunst machen.«

16) »Ehrlich gesagt, will ich weder für eine Firma noch für einen Chef arbeiten. Ich würde gern eine Unternehmerin werden und mein eigenes Unternehmen gründen.«

17) »Wow, das klingt sehr schwierig. Was für eine Firma?«

18) »Vielleicht eine Firma, die Werbung macht. Ich mag auch Marketing«, sagte Mary.

19) »Ich habe eine tolle Idee. Du kannst die Firma gründen und mich dann als Designerin einstellen! Ich werde die Werbung entwerfen«, sagte Anja.

20) »Ach wirklich? Willst du meine Angestellte werden? Ich muss es mir überlegen.«

21) »Meine bisherigen Mitarbeiter sagen ich sei toll! Ich bin sehr professionell und achte immer auf die Details.«

22) »Hast du viel Erfahrung? Du brauchst mindestens drei Jahre. Kannst du an Feiertagen arbeiten?«

23) »Sicher! Beinhaltet diese Stelle auch Versicherungen und andere Leistungen?«

24) Mary lachte: »Ich kann nichts versprechen.«

Story 7 Vocabulary:
1) [v] bringen |brachte, gebracht| **to bring**
1) [adj] lokal **local**
1) [n] der Laden (ä)* **shop / store**
2) [n] der Kilometer **kilometer**
2) [adj] entfernt **away / far / distant**
3) [adj] eng **narrow / tight / cramped**
3) [n] die Straße (-n) **street**
3) [adj] modern **modern / fashionable**
3) [n] das Hotel (-s) **hotel**
4) [adj] leicht **easy / simple**
4) [n] die Adresse (-n) **address**
4) [v] kennen |kannte, gekannt| **to know (people) / to be familiar with**
5) [n] der Bezirk (-e)* **district / area / borough**
5) [adj] bekannt **famous / known / familiar**
5) [v] verbergen (verbirgt) |verbarg, verborgen| **to hide / to conceal**
5) [n] der Schatz (ä, -e)* **treasure**
6) [adv] überhaupt **at all / even**
6) [adj] vergleichbar **comparable**
7) [v] vergleichen |verglich, verglichen| **to compare**
8) [v] to sich freuen *über / auf* **to be happy** *about* **/ to look forward**
8) [adj] hoch **high**
8) [n] die Erwartung (-en) **expectation / anticipation**
8) [adj] stolz **proud**
9) [v] beweisen |bewies, bewiesen| **to prove / to demonstrate**
9) [n] die Meinung (-en) **opinion**
9) [v] ändern **to change / to alter / to modify**
10) [v] bestellen **to order / to book / to reserve**
10) [v] ab'schneiden |schnitt ab, abgeschnitten| **to cut off / to clip / to trim**
10) [adj] dick **fat**
10) [n] das Fleisch* **meat / flesh**
10) [n] der Drehspieß (-e)* **rotisserie**
10) [v] legen **to lay / to put / to place**
10) [n] das Brot (-e)* **bread**
10) [v] zu'fügen* **to add / to cause**
10) [adj] verschieden **different / various / diverse**
10) [n] das Gemüse* **vegetables**
10) [n] die Soße (-n)* **sauce**

11) [v] bezahlen **to pay for / to pay to (person)**
11) [v] setzen **to set / to put (sitting) / to sit down**
12) [adj] teuer **expensive**
12) [v] denken *an* |dachte, gedacht| **to think** *of / about*
12) [v] kosten **to cost / to taste**
13) [adj] weiter **further / more / onward**
13) [n] der Grund (ü, -e) **reason / cause**
13) [n] der Lohn (ö, -e) **wages / pay / salary**
13) [adj] arm **poor (money)**
14) [n] der Zeitpunkt (-e) **moment / point in time**
14) [n] die Wahrheit **truth**
14) [v] heraus'finden |fand heraus, herausgefunden|* **to find out / to figure out**
14) [n] der Bissen* **bite / mouthful**
14) [v] kauen* **to chew**
14) [adj] langsam **slow / slowly**
15) [v] verändern **to change / to convert / to transform**
16) [n] der Geschmack (ä, -e)* **taste / flavor**
16) [v] beschreiben |beschrieb, beschrieben| **to describe / to depict**
17) [v] schmecken* **to taste**
17) [adj] scharf **sharp / strong / spicy**
17) [adj] schlicht **simple / plain**
17) [adj] erstaunlich **amazing / astonishing**
18) [v] *dat.* zweifeln *an* **to doubt / to question**
18) [v] lernen **to study / to learn**
19) [v] verlieren |verlor, verloren| **to lose**
19) [adj] offiziell **official / officially**
19) [v] ab'lecken* **to lick off / to lick clean**
19) [n] der Finger **finger**
20) [adj] genug **enough / sufficient**
21) [adv] morgen **tomorrow**
21) [adv] wieder **again**
21) [n] die Ewigkeit **eternity**

Story 7: The Best Döner Kebab

1) Jonas brachte Pierre zu einem lokalen Dönerladen.

2) Der Laden war ungefähr einen Kilometer von ihrer Wohnung entfernt.

3) Der Laden befand sich in einer engen Straße hinter einem modern aussehenden Hotel.

4) »Dieser Laden wäre nicht leicht zu finden, wenn wir die Adresse nicht schon gekannt haben«, sagte Pierre.

5) »Er ist in diesem Bezirk bekannt. Er ist unser verborgener Schatz« sagte Jonas.

6) »Ist der Döner in Deutschland überhaupt mit einem Französischen vergleichbar?«

7) »Nein, das kann man nicht vergleichen, deutscher Kebab ist der beste!«, sagte Jonas.

8) »Ich freue mich darauf, aber ich habe keine hohen Erwartungen. Die Franzosen sind stolz auf ihr Essen.«

9) »Dieser Laden wird beweisen, dass deutscher Kebab der beste ist. Du wirst deine Meinung ändern.«

10) Nachdem sie bestellt hatten, schnitt ein dicker Mann das Fleisch vom Drehspieß ab und legte es auf das Brot. Dann fügte er verschiedenes Gemüse und Soße hinzu.

11) Pierre und Jonas bezahlten und setzten sich an einen Tisch.

12) »Es ist nicht sehr teuer. Ich dachte, es würde mehr kosten«, sagte Pierre.

13) »Das ist ein weiterer guter Grund hier zu essen. Man kann mit dem Lohn eines armen Studenten essen.«

14) »Nun, jetzt ist der Zeitpunkt an dem wir die Wahrheit herausfinden«, sagte Pierre während er einen Bissen nahm und langsam kaute.

15) Sein Gesichtsausdruck veränderte sich schnell.

16) »Was habe ich dir gesagt? Der Geschmack ist so gut, dass er nicht beschrieben werden kann!«, sagte Jonas.

17) »Ich muss sagen, er schmeckt sehr gut. Die Soße ist nicht zu scharf. Er scheint schlicht, aber der Geschmack ist erstaunlich.«

18) »Du hättest nicht an mir zweifeln sollen. Was kann ich sagen? Wir lernen durch Erfahrung.«

19) »Ich will es nicht sagen, aber Frankreich hat verloren. Das ist offiziell der beste Kebab, den ich je gegessen habe«, sagte Pierre und leckte sich die Finger ab.

20) »War das genug? Willst du mehr?«

21) »Ja, lass uns noch einen bestellen und morgen wieder kommen! Ich könnte hier für eine Ewigkeit essen!«

Story 8 Vocabulary:
1) [n] die Vorlesung (-en)* **lecture / university lecture**
2) [v] vor'bereiten *auf* **to prepare** *for* **/ to prearrange**
2) [n] das Kapitel **chapter / section**
2) [n] das Lehrbuch (ü, -er)* **textbook**
3) [n] die Frage (-n) **question**
3) [v] bitten *um* |bat, gebeten| **to request / to ask / to beg** *for*
4) [n] der Staat (-en) **country / nation / state**
4) [n] der Schüler / die Schülerin (-nen) **student / pupil**
4) [adv] nie **never**
5) [n] die Vereinigung (-en) **unification / union**
5) [n] das Bündnis (-se) **alliance / coalition / confederacy**
5) [n] das Gebiet (-e) **area / region / territory**
5) [adj] damalig **then / at the time / former**
5) [adj] heilig **holy / sacred**
5) [n] das Reich (-e) **kingdom / empire**
5) [n] das Bund (-e) **bunch / bundle / union / federation**
5) [adj] kulturell **cultural**
5) [n] die Gemeinde (-n) **local community / municipality**
6) [n] die Herrschaft **rule / reign / dominion**
6) [n] das Land (ä, -er) **country / nation / land**
6) [n] die Region (-en) **region**
6) [n] der König (-e) / die Königin (-nen) **king / queen**
7) [n] der Fürst (-en) / die Fürstin (-nen)* **prince / princess**
7) [n] der Graf (-en) **count / earl**
7) [n] der Titel **title**
7) [n] der Adel* **nobility / nobles**
8) [n] die Grenze (-n) **border / boundary**
8) [v] fest'stellen **to determine / to find / to detect / to realize**
9) [n] das Jahrhundert (-e) **century**
9) [adv] damals **back then / at that time / in those days**
9) [n] die Armee (-n) **army**
9) [n] die Revolution (-en) **revolution**
9) [n] der Streit (-e) **fight / dispute / argument**
9) [v] *dat.* gehören **to belong to**
10) [v] vereinen **to unite / to join / to combine**
10) [n] der General (ä, -e) **general (military)**
11) [n] die Truppe (-n) **troop / force / squad**

11) [n] der Kampf (ä, -e) **fight / struggle / battle**
11) [v] führen **to lead**
11) [n] der Ministerpräsident (-en) / die Ministerpräsidentin (-nen)* **prime minister**
12) [n] der Süden **south**
13) [n] der Norden **north**
13) [n] die Hauptstadt (ä, -e) **capital city**
13) [adj] mächtig **powerful / forceful**
13) [adj] militärisch **military**
15) [n] der Gegner / die Gegnerin (-nen) **opponent / adversary**
15) [n] die Auseinandersetzung (-en) **confrontation / dispute / debate**
17) [adj] politisch **political**
17) [n] der Konflikt (-e) **conflict**
17) [n] das Ziel (-e) **goal / aim / target**
17) [adj] unterschiedlich **different / varied**
17) [adj] praktisch **practical / convenient**
17) [n] der Frieden **peace**
17) [n] die Zusammenarbeit (-en) **collaboration / cooperation**
17) [adj] international **international**
17) [n] die Gemeinschaft (-en) **community / collective**
17) [adj] sozialistisch **socialist**
17) [n] die Generation (-en) **generation**
19) [adj] sozial **social**
19) [n] das Problem (-e) **problem / issue**
19) [v] *with* sich befassen *mit* **to concern oneself** *with* / **to occupy oneself**
19) [v] erweitern **to expand / to extend / to widen**
19) [n] der Feind (-e) / die Feindin (-nen) **enemy / foe**
19) [n] die Aktion (-en) **action**
19) [v] glauben *an* **to believe** *in*
19) [n] der Weltkrieg (-e) **world war**
19) [n] die Schuld (-en) **fault / blame / debt**
19) [v] tragen (trägt) |trug, getragen| **to wear / to carry**
20) [n] die Erläuterung (-en) **explanation / illustration**
20) [n] die Politik **politics**
20) [adj] komplex **complex**
20) [n] die Prüfung (-en) **test / exam**
20) [v] schreiben |schrieb, geschrieben| **to write**

Story 8: The History of Germany

1) Mary musste eine Vorlesung über die Geschichte Deutschlands besuchen.

2) Um sich auf die Vorlesung vorzubereiten, las sie ein Kapitel aus dem Lehrbuch.

3) Sie hatte einige Fragen und bat Jonas ihr zu helfen.

4) »Ich habe gelesen, dass Deutschland bis 1871 kein Staat war. Das habe ich als Schülerin nie gelernt«, sagte Mary.

5) »Ja, das ist richtig. Vor der Vereinigung war es ein Bündnis verschiedener Gebiete. Bis 1806 war Deutschlands damaliger Name das Heilige Römische Reich. Es war wie ein Bund verschiedener kultureller Gemeinden.«

6) »Wer hatte die Herrschaft über das Land? Gab es für jede Region einen König?«

7) »Ja, es gab Könige, Fürsten und Grafen, verschiedene Titel für den Adel.«

8) »Wie haben sie 1871 die Grenzen für Deutschland festgelegt?«

9) »Nun, das ist eine lange Geschichte. Im 17. und 18. Jahrhundert gab es viele Kriege. Damals haben Armeen alles entschieden. Nach der Französischen Revolution gab es viele Streite darüber, welche Region zu welchem Land gehörte.«

10) »Ich habe gehört, dass Bismarck Deutschland vereint hat. War er ein General?«

11) »Ich denke, er hatte den Titel, aber hat nie Truppen in den Kampf geführt. Er war der Ministerpräsident von Preußen.«

12) »Preußen? Wo war das? Im Süden?«

13) »Nein, im Norden. Die Hauptstadt Preußens war Berlin und das ist der Grund, warum die Hauptstadt Deutschlands auch Berlin ist. Preußen war sehr mächtig und hatte viel militärische Macht.«

14) »Also war Bismarck der Kaiser? Ich dachte, Wilhelm war der Kaiser.«

15) »Wilhelm war der Kaiser. Bismarck war der Bundeskanzler. Doch wurden sie schnell Gegner. Sie hatten viele Auseinandersetzungen.«

16) »Was für Auseinandersetzungen?«

17) »Politische Konflikte. Ihre Ziele waren unterschiedlich. Bismarck dachte sehr praktisch. Er wollte Frieden und eine Zusammenarbeit mit der internationalen Gemeinschaft. Die sozialistische Generation gefiel ihm nicht.«

18) »Und Wilhelm?«, fragte Mary.

19) »Wilhelm wollte sich mit sozialen Problemen befassen und das Reich erweitern. Dabei machte er sich viele Länder zum Feind. Wegen seiner Aktionen glaubten viele Leute, dass Wilhelm die Schuld für den Ersten Weltkrieg trug.«

20) »Ach so. Naja, danke für die Erläuterung. Die Politik ist zu komplex. Ich hoffe, ich muss keine Prüfung darüber schreiben!«

Story 9 Vocabulary:
1) [n] die Natur (-en) **nature / countryside**
1) [adj] nah / nahe **close / near / nearby**
1) [n] die See **sea / lake / ocean**
3) [n] der Verkehr (-e) **traffic / transportation**
3) [n] der Unfall (ä, -e)* **accident / crash / disaster**
3) [v] dauern **to take time / to last**
3) [n] die Stunde (-n) **hour / period**
4) [n] die Bahn (-en) **train / railway**
5) [n] die Landschaft (-en) **landscape / scenery**
5) [v] schauen **to look / to watch**
7) [n]der Wald (ä, -er) **forest / woods**
7) [n] umgeben |umgab, umgeben|* **to surround / to encircle**
8) [n] das Blatt (ä, -er) **sheet / leaf / page (paper)**
8) [n] der Baum (ä, -e) **tree**
8) [v] wechseln **to change / to switch**
8) [n] die Farbe (-n) **color**
8) [adj] grün **green**
8) [adj] gelb **yellow**
8) [adj] orange **orange**
9) [adj] hell **bright**
9) [n] der Schatten **shadow / shade**
9) [n] die Erde **earth / ground / soil**
10) [n] das Wasser **water**
10) [adj] rein **clean / pure**
10) [n] das Paar (-e) **pair / couple**
10) [n] der Fischer **fisherman**
10) [n] fischen* **to fish**
11) [n] der Junge (-n) **boy / kid**
11) [n] der Rand (ä, -er) **edge / border / rim**
12) [v] spazieren* **to walk**
12) [adj] breit **wide / broad**
12) [n] der Hund (-e) **dog**
13) [n] der Vogel (ö) **bird**
13) [adj] ruhig **calm / quiet / peaceful**
13) [adj] friedlich **peaceful**
13) [n] die Atmosphäre **atmosphere**
13) [v] schaffen |schuf / schaffte, geschaffen, geschafft| **to create / to accomplish / to make**

14) [n] der Wind (-e) **wind**
14) [v] wehen* **to blow / to wave**
14) [adj] leise* **gentle / soft / quiet**
16) [n] der Sommer **summer**
17) [n] die Badehose (-n)* **swimming trunks**
18) [adj] kalt **cold**
18) [n] die Saison (-en / -s) **season**
18) [n] der Frühling (-e) **spring**
18) [n] die Blume (-n)* **flower**
19) [adv] da drüben / dort drüben **over there**
19) [adj] lila **purple**
20) [v] fotografieren **to photograph / to take photos**
20) [n] das Internet **internet**
20) [v] hoch'laden (lädt hoch) |lud hoch, hochgeladen|* **to upload**
21) [v] bemerken **to notice / to observe**
21) [n] das Schild (-er)* **sign / label**
22) [v] betreten (betritt) |betrat, betreten| **to enter / to tread**
22) [n] der Schnee* **snow**
22) [n] die Eisglätte* **icy conditions**
22) [n] die Gefahr (-en) **danger / risk**
23) [adj] gefährlich **dangerous / risky**
23) [v] schneien* **to snow**
24) [v] vereisen* **to freeze over / to ice over**
24) [v] aus'rutschen* **to slip**
24) [v] hin'fallen (fällt hin) |fiel hin, hingefallen|* **to fall down / to fall over**
25) [n] der Winter **winter**
27) [n] der Fehler **error / fault / mistake**

Story 9: Walking Around the Lake

1) Pierre wollte die Natur und die Parks um Berlin herum sehen. Deshalb brachte Anja ihn zu einem nahen See.
2) Sie fuhren mit Anjas Auto dorthin.
3) Wegen eines Verkehrsunfalls gab es viel Verkehr und die Fahrt dauerte eine Stunde.
4) »Wir hätten mit der Bahn fahren sollen«, sagte Anja.
5) »Es ist okay. Ich habe es genossen aus dem Fenster auf die Landschaft zu schauen«, sagte Pierre.
6) Sie kamen am See an und stiegen aus dem Auto.
7) Der See war von einem Wald umgeben.
8) Die Blätter der Bäume wechselten ihre Farben von grün zu rot, gelb und orange.
9) Die Sonne schien hell durch die Bäume, die ihren Schatten auf die Erde warfen.
10) Das Wasser war sehr rein und ein Paar Fischer fischten.
11) Ein Junge stand am Rand des Sees und warf Steine ins Wasser.
12) Eine alte Frau spazierte auf einem breiten Weg mit ihrem Hund.
13) Man hörte Vögel singen, was eine ruhige und friedliche Atmosphäre schuf.
14) Der Wind wehte leise.
15) »Die Luft hier ist frischer als in der Stadt. Es gefällt mir«, sagte Pierre.
16) »Ich liebe es im Sommer hierherzukommen. Es gefällt mir sehr hier zu schwimmen«, sagte Anja.
17) »Oh, wirklich? Ich hätte meine Badehose tragen sollen und schwimmen gehen können«, sagte Pierre.
18) »Es ist jetzt ein bisschen zu kalt. Du musst auf die Schwimmsaison warten. Der Frühling ist auch gut. Es gibt viele schöne Blumen.«
19) »Ich sehe dort drüben eine schöne lila Blume«, sagte Pierre
20) Pierre fotografierte die Blume: »Ich werde das im Internet hochladen und viele "Likes" bekommen!«
21) Als sie weiter spazierten, bemerkte Pierre ein Schild am Wegrand.
22) Auf dem Schild stand: Betreten bei Schnee & Eisglätte auf eigene Gefahr.
23) »Ist es wirklich gefährlich hier zu spazieren wenn es schneit?«
24) »Ja, der Weg vereist und es ist leicht auszurutschen und hinzufallen.«
25) »Schneit es im Winter in Berlin?«, fragte Pierre.
26) »Ja, es schneit viel. Ich hoffe, du magst kaltes Wetter.«
27) »Eigentlich nicht. Vielleicht habe ich einen großen Fehler gemacht...«, sagte Pierre.

Story 10 Vocabulary:
1) [n] die Literatur (-en) **literature**
1) [n] die Woche (-n) **week**
2) [n] die Grundlage (-n) **foundation / fundamentals**
2) [n] das Recht **law / right**
2) [n] das Thema (Themen) **theme / topic / subject**
3) [n] die Debatte (-n) **debate / argument / discussion**
3) [n] das Stück (-e) **piece / slice / play (theater)**
3) [n] der Tod (-e) **death**
4) [v] diskutieren **to discuss / to debate**
5) [n] der Akt (-e) **act / deed**
5) [n] der Wille (-n) **will / volition**
5) [n] die Bevölkerung (-en) **population / people**
6) [n] die Demokratie **democracy**
6) [n] die Mehrheit **majority**
6) [n] die Minderheit (-en) **minority**
6) [v] schützen **to protect / to guard**
7) [n] die Gesellschaft (-en) **society**
7) [adj] grundlegend **fundamental / basic / primary**
7) [n] das Menschenrecht (-e) **human rights**
7) [v] fest'legen **to establish / to set / to schedule**
7) [adj] prinzipiell* **in principal / as a matter of principal**
7) [n] (der / die) Abgeordnete (-n) **representative / delegate / lawmaker**
7) [n] die Änderung (-en) **change / alteration / modification**
9) [n] der Gott (ö, -e) **God**
10) [adj] christlich **christian**
10) [n] die Religion (-en) **religion**
10) [adv] sogar **even**
10) [adj] katholisch **catholic**
10) [adj] protestantisch* **protestant**
11) [v] kritisieren **to criticize**
12) [v] heben |hob, gehoben| **to lift / to raise**
12) [adj] gesellschaftlich **societal**
12) [n] der Glaube **belief**
12) [adj] böse **evil / bad**
12) [n] die Wirklichkeit (-en) **reality / actuality**
12) [adj] echt **real / genuine / true**
12) [n] die Basis (Basen) **base / basis / foundation**

12) [adj] relativ **relative**
12) [n] die Pflicht (-en) **duty / obligation / responsibility**
12) [n] der Bürger / die Bürgerin (-nen) **citizen / person**
12) [n] der Begriff (-e) **term / concept / notion / idea**
12) [n] die Gerechtigkeit (-en) **justice / fairness**
12) [v] kämpfen *um* **to fight / to struggle / to compete** *for*
14) [n] die Absicht (-en) **intent / purpose / aim**
14) [n] die Regierung (-en) **government**
15) [n] der Täter / die Täterin (-nen) **perpetrator / offender / culprit**
15) [v] bestrafen **to punish / to penalize**
15) [n] die Strafe (-n) **punishment / penalty**
15) [v] zahlen **to pay / to cover the cost of**
15) [adj] wahrscheinlich **probably / likely**
15) [n] das Verhalten **behavior / conduct**
16) [n] die Steuer (-n) **tax / duty**
16) [v] erheben |erhob, erhoben| **to raise / to elevate / to impose**
16) [n] die Armut **poverty**
16) [n] die Arbeitslosigkeit **unemployment**
16) [v] reduzieren **to reduce / to decrease**
17) [n] die Gewalt (-en) **violence / force / power**
17) [v] nutzen **to use / to benefit from / to take advantage of**
17) [n] der Mensch (-en) **human / person**
17) [v] beherrschen **to dominate / to control / to master**
17) [adj] schlimm **bad / terrible / evil**
17) [adj] egal **no matter / all the same**
18) [adv] allerdings **indeed / certainly**
18) [adj] lebendig **alive / lively**

Story 10: The Fundamentals of Law

1) Anjas Literaturunterricht begann diese Woche.
2) Die Grundlagen des Rechts waren das Thema des Unterrichts.
3) Um sich auf die Debatte vorzubereiten, musste Anja das Stück *Dantons Tod* lesen.
4) »Was ist das Gesetz? Heute werden wir dieses Thema diskutieren«, sagte der Lehrer.
5) »Im ersten Akt wird gesagt, dass das Gesetz der Wille der Bevölkerung ist«, sagte ein Student.
6) »Bedeutet das, dass wir unsere Gesetze durch Demokratie entscheiden? Soll die Mehrheit alles entscheiden? Wie werden die Rechte der Minderheit geschützt?«, fragte der Lehrer.
7) »Die Gesellschaft kann grundlegende Menschenrechte festlegen und prinzipiell dürfen die Abgeordneten keine Änderungen machen«, sagte eine Studentin.
8) »Und woher kommen diese Rechte?«, fragte der Lehrer.
9) »Von Gott«, sagte ein Student.
10) »Welcher Gott? Der christliche Gott? Es gibt mehr als eine Religion und sogar in Deutschland gibt es einen katholischen Gott und auch einen protestantischen Gott«, lachte ein Student.
11) »Und wenn das Recht von Gott kommt, dann kann man es nicht kritisieren.«
12) Anja hob ihre Hand: »Menschenrechte und Gesetze sind nur der gesellschaftliche Glaube an was gut und böse ist. In Wirklichkeit gibt es keine echte Basis. Alles ist relativ. Es ist die Pflicht der Bürger für ihren gemeinsamen Begriff der Gerechtigkeit zu kämpfen.«
13) »Gut gesagt, Frau Köhler«, sagte der Lehrer.
14) »Als nächstes lasst uns die Absicht des Gesetzes diskutieren. Warum verabschiedet die Regierung Gesetze?«
15) »Um die Täter zu bestrafen. Wenn sie für eine Strafe zahlen müssen, werden sie wahrscheinlich ihr Verhalten ändern«, sagte jemand.
16) »Um die Steuern zu erheben und um Armut und Arbeitslosigkeit zu reduzieren.«
17) »Nur um die Gewalt zu nutzen und andere Menschen zu beherrschen. Politiker sind alle schlimme Leute. Wir sind ihnen egal.«
18) »Ja, da haben wir allerdings eine lebendige Debatte«, sagte der Lehrer.

Story 11 Vocabulary:
1) [n] die Klasse (-n) **class / category / grade**
1) [n] der Film (-e) **film / movie**
2) [v] an'sehen (sieht an) |sah an, angesehen| **to look at / to view / to watch**
3) [v] dar'stellen **to portray / to depict / to represent**
3) [n] der Engel **angel**
3) [n] der Alltag (-e) **everyday life / daily routine**
3) [v] beobachten **to observe / to watch / to notice**
3) [n] der Gedanke (-n) **thought / idea**
3) [v] zu'hören* **to listen / to pay attention**
4) [n] die Diskussion (-en) **discussion / debate**
5) [n] der Geist (-er) **ghost**
5) [n] das Mädchen **girl / young woman**
5) [v] sich verlieben *in* **to fall in love** *with*
6) [v] auf'fassen **to grasp / to understand / to interpret**
7) [v] antworten *auf* **to respond / to reply / to answer**
8) [adj] religiös **religious**
8) [n] die Szene (-n) **scene**
8) [n] die Darstellung (-en) **portrayal / depiction / representation**
8) [n] das Kreuz (-e) **cross**
9) [n] die Kritik (-en) **criticism**
9) [n] die Seele (-n) **soul / spirit**
9) [v] bestehen *aus* |bestand, bestanden| **to exist / to consist** *of*
9) [n] (der / die) Heilige (-n) **saint**
10) [n] die Theorie (-n) **theory**
10) [v] nach'denken **to think / to reflect / to meditate**
11) [adj] vorsichtig **careful / cautious**
11) [v] schaden **to damage / to harm / to hurt**
11) [n] das Gehirn (-e) **brain / mind**
12) [n] die Verletzung (-en) **injury / violation**
12) [n] das Denken **thinking / reasoning**
12) [v] verursachen **to cause / to create / to generate**
12) [n] der Schaden (ä) **damage / harm**
13) [n] die Interpretation (-en) **interpretation**
13) [v] sich lohnen **to be worthwhile**
13) [adj] menschlich **human / humanly**
13) [v] verfolgen **to follow / to pursue / to track**
13) [v] verlangen *nach* **to desire / to crave / to yearn** *for*

13) [*n*] die Freude **happiness / joy**
13) [*v*] zerstören **to destroy / to destruct**
14) [*n*] die Ansicht (-en) **opinion / view**
14) [*adj*] ähnlich **similar**
14) [*n*] Deutsche Demokratische Republik (DDR)* **German Democratic Republic (GDR)**
14) [*v*] verbieten |verbot, verboten| **to forbid / to prohibit / to ban**
14) [*n*] die Menschheit **mankind / humanity**
14) [*v*] zwingen |zwang, gezwungen| **to force / to compel**
14) [*v*] sich fügen **to obey / to comply / to submit**
15) [*adv*] endlich **finally / at last**
15) [*v*] formulieren **to formulate / to phrase**
17) [*adj*] zentral **central**
17) [*n*] der Regisseur (-e) / die Regisseurin (-nen)* **director (film / theater)**
17) [*n*] die Trennung (-en) **separation / division / segregation**
17) [*v*] erleben **to experience / to live through**
17) [*v*] betonen **to emphasize / to stress**
17) [*n*] die Veränderung (-en) **change / conversion / transformation**
17) [*v*] bewirken **to cause / to bring about**
17) [*adj*] freiwillig **voluntarily / willingly**
18) [*v*] vermitteln **to convey / to communicate / to give**
19) [*n*] der Held (-en) / die Heldin (-nen) **hero / heroine**
19) [*adj*] traurig **sad / unhappy**
19) [*n*] die Existenz **existence**
19) [*v*] befreien **to free / to liberate / to release**
20) [*adj*] vereinigt **united**
20) [*v*] *dat.* sich wünschen **to wish / to want**
21) [*v*] weh'tun |tat weh, wehgetan|* **to hurt / to cause pain**

Story 11: German Film

1) Mary und Pierre besuchten eine Klasse über deutsche Filme.
2) Sie sahen sich einen Film an, der *Der Himmel über Berlin* hieß.
3) Der Film stellte Engel dar, die den Alltag von Berlinern beobachteten und ihren Gedanken zuhörten.
4) Nachdem sie den Film fertig gesehen hatten, führten sie eine Diskussion über die Themen mit zwei anderen Studenten, die Klaus und Emma hießen.
5) »Warum hat der Geist sich in das Mädchen verliebt?«, fragte Pierre.
6) Mary bemerkte, dass Pierre die Handlung nicht richtig aufgefasst hat und sagte: »Er war kein Geist sondern ein Engel.«
7) »Wirklich?«, antwortete Pierre.
8) »Ich fand es interessant. Obwohl der Film Engel darstellt, gab es keine religiösen Themen. Gab es eine Szene mit der Darstellung eines Kreuzes?«, fragte Emma.
9) »Das stimmt. Vielleicht war es eine Kritik an der Idee, woraus eine Seele besteht und was es bedeutet ein Heiliger zu sein«, sagte Klaus.
10) »Ich habe eine Theorie, aber ich muss darüber ein bisschen länger nachdenken«, sagte Pierre.
11) »Sei vorsichtig! Wenn du zu viel denkst, dann schadest du deinem Gehirn!«, sagte Mary und lachte.
12) »Ich habe schon viele Verletzungen. Das Denken verursacht viele Schäden!«, sagte Pierre und lachte.
13) »Meine Interpretation dieses Filmes ist, dass es sich lohnt, menschliche Ziele zu verfolgen. Die Menschen verlangen nach Freude und diese Ziele kann man nicht zerstören«, sagte Emma.
14) »Meine Ansicht ist ähnlich«, sagte Klaus, »obwohl die DDR viel verboten hatte, kann die Menschheit nicht gezwungen werden sich zu fügen.«
15) »Ich habe meine Theorie endlich formuliert. Wollt ihr sie hören?«, fragte Pierre.
16) »Ja, bitte erzähl sie uns«, sagte Emma.
17) »Das zentrale Thema ist Freiheit. Der Regisseur hat die Trennung Deutschlands erlebt. Er wollte betonen, dass man immer frei ist. Um Veränderungen zu bewirken kann die Menschheit nicht gezwungen werden, sondern sie muss freiwillig Entscheidungen treffen.«
18) »Wie vermittelt der Regisseur das?«, fragte Mary.
19) »Als der Held der Geschichte ein Mensch wurde, hat er sich dafür entschieden zu leben. Er hat sich von einer traurigen Existenz befreit.«
20) »Bedeutet das, dass der Regisseur sich ein vereinigtes Deutschland wünschte?«, fragte Emma.
21) »Vielleicht. Weiter nachzudenken tut meinem Gehirn wirklich weh«, sagte Pierre und lachte.

Story 12 Vocabulary:
1) [n] die Teilzeit (-en)* **part-time**
1) [n] die Arbeit (-en) **work / job**
1) [adj] elektronisch **electronic**
1) [n] das Gerät (-e) **device / appliance**
1) [n] der Apparat (-e)* **appliance**
1) [v] verkaufen **to sell**
2) [n] die Fabrik (-en)* **factory / plant**
2) [n] das Geschäft (-e) **business / store / shop**
2) [n] die Ware (-n) **product / good / ware**
3) [v] an'bieten |bot an, angeboten| **to offer / to provide**
3) [n] die Dienstleistung (-en) **service (business)**
4) [v] *dat.* helfen *bei* (hilft) |half, geholfen| **to help** *with*
4) [n] der Kollege (-n) / die Kollegin (-nen) **colleague / associate**
4) [n] der Verkauf (ä, -e) **sale / selling**
4) [n] der Bericht (-e) **report / account / story**
4) [v] verfassen **to write / to compose**
5) [adj] finanziell **financial**
5) [n] der Abschnitt (-e) **section / segment / chapter**
5) [adj] korrekt **correct / proper**
5) [adj] ausführlich **detailed / comprehensive / extensive**
5) [n] der Vorstand (ä, -e) **board of directors / committee**
5) [n] der Vorsitzende (-n) / die Vorsitzende (-n) **chairman / chairwoman / leader / president**
5) [v] ab'geben (gibt ab) |gab ab, abgegeben| **to emit / to give off / to turn in**
6) [n] die Aufgabe (-n) **task / work / assignment**
6) [v] auf'teilen* **to divide up / to split**
7) [adj] verantwortlich **responsible / liable / accountable**
7) [n] die Überprüfung (-en) **check / verification / inspection**
7) [v] überprüfen **to check / to verify / to review**
7) [adj] perfekt **perfect / complete**
9) [adj] aktuell **current / up to date**
9) [n] die Datei (-en) **file / data**
9) [n] die Einnahme (-n) **income / intake / consumption**
9) [n] die Anzahl (-en) **number / quantity / count**
9) [n] die Versendung (-en) **shipment / sending**
10) [n] das Dokument (-e) **document**
11) [adj] weiß **white**
11) [adj] durchschnittlich **average / standard / ordinary**

11) [adj] jährlich **yearly**
11) [n] der Umsatz (ä, -e) **sales / revenue**
11) [v] sinken |sank, gesunken| **to sink / to drop / to decline**
11) [adj] zukünftig / künftig **future / prospective**
11) [n] die Aussicht (-en) **view / prospect / outlook**
11) [adj] schlecht **bad / poor / sick**
12) [n] die Ursache (-n) **cause / reason / source**
12) [n] die Produktion (-en) **production / yield / output**
12) [n] das Ausland **foreign country / abroad**
12) [v] verhindern **to prevent / to hinder**
12) [n] action die Klage (-n) **lawsuit / legal**
12) [n] der Arbeiter / die Arbeiterin (-nen) **worker**
12) [n] der Arbeitgeber / die Arbeitgeberin (-nen) **employer**
12) [v] ein'reichen* **to file / to submit**
15) [adj] riesig **huge / massive**
15) [n] die Gewerkschaft (-en) **labor union / trade union**
15) [n] die Zerstörung (-en) **destruction / damage / devastation**
15) [n] der Kapitalismus **capitalism**
15) [v] schreien |schrie, geschrien **to scream / to shout**
16) [n] die Betonung (-en) **emphasis / stress**
16) [adj] gewerkschaftlich* **union / unionized**
16) [v] organisieren **to organize / to arrange**
17) [v] sich interessieren *für* **to be interested** *in*
17) [n] die Aktie (-n) **stock / share**
17) [n] das Urteil (-e) **judgment / verdict / opinion**
17) [v] beschließen |beschloss, beschlossen| **to decide / to resolve / to establish**
20) [n] der Insider* **insider**
20) [n] der Handel **trade / commerce / deal**
20) [n] das Verbrechen **crime**
21) [n] die Vorschrift (-en) **regulation / rule / provision**
21) [n] die Ersparnisse* **savings / life savings**
22) [n] die Pause (-n) **pause / break**

Story 12: The Part-Time Job

1) Jonas hatte eine Teilzeitarbeit bei einer Firma, die elektronische Geräte und Apparate verkauft.
2) Diese Firma hatte nicht nur Fabriken, sondern auch Geschäfte in denen sie ihre Waren verkaufen.
3) Sie bot auch Dienstleistungen für anderen Firmen an.
4) Jonas half seinem Kollegen einen Verkaufsbericht zu verfassen.
5) »Es ist sehr wichtig, dass wir die finanziellen Abschnitte korrekt und ausführlich schreiben, weil ich diesen Verkaufsbericht an den Vorstand Vorsitzenden abgeben muss!«, sagte der Kollege.
6) »Ich werde mein Bestes geben. Wie sollen wir die Aufgaben aufteilen?«, fragte Jonas.
7) »Du bist verantwortlich für die Überprüfung. Wenn ich etwas schreibe, überprüfst du es danach. Alles muss perfekt sein!«
8) »Verstanden«, sagte Jonas.
9) »Hast du die aktuelle Datei dabei? Ich brauche die Einnahmen und auch die Anzahl der Versendungen«, sagte der Kollege.
10) »Ja, das habe ich«, sagte Jonas und gab seinem Kollegen ein Dokument.
11) Das Gesicht des Kollegen wurde weiß: »Die durchschnittlichen jährlichen Umsätze sinken? Die zukünftige Aussicht wird schlechter?«
12) »Ja, die Ursache des Problems ist, dass die Produktion der Fabriken im Ausland verhindert wurde. Das kommt wegen einer Klage, die die Arbeiter gegen ihre Arbeitgeber eingereicht haben«, sagte Jonas.
13) »Woher weißt du das?«, fragte der Kollege.
14) »Dieser Bericht beschreibt das Problem«, sagte Jonas und gab seinem Kollegen ein anderes Dokument.
15) »Immer diese riesigen Probleme im Ausland. Die Gewerkschaften werden die Zerstörung des Kapitalismus sein!«, schrie der Kollege.
16) »Vielleicht. Doch die Betonung des Kapitalismus liegt auf der Freiheit. Jeder hat das Recht sich gewerkschaftlich zu organisieren.«
17) »Ja das stimmt, aber ich interessiere mich nur für meine Aktien. Ist das Urteil schon beschlossen?«
18) »Nein, ich glaube nicht.«
19) »Gut. Dann kann ich meine Aktien verkaufen.«
20) »Ist das nicht Insiderhandel? Das ist ein Verbrechen, oder?«, fragte Jonas.
21) »Ja, das stimmt. Die Vorschrift wird die Zerstörung meiner Ersparnisse sein!«, schrie der Kollege.
22) »Jetzt ist die Zeit für eine Pause, glaube ich«, sagte Jonas.

Story 13 Vocabulary:

1) [v] planen **to plan / to schedule**
2) [adv] zusammen **together**
4) [n] die Erlaubnis (-se) **permission / permit / license**
4) [n] die Eltern **parents**
5) [v] meinen **to mean / to think / to opine**
5) [n] der Nachbar (-n) / die Nachbarin (-nen) **neighbor**
5) [n] die Polizei **police**
5) [v] an'rufen |rief an, angerufen|* **to call / to phone**
6) [n] die Nachbarschaft (-en)* **neighborhood**
6) [n] der Einwohner / die Einwohnerin (-nen) **resident / inhabitant**
6) [v] ein'laden (lädt ein) |lud ein, eingeladen| **to invite / to offer**
7) [n] die Feier (-n) **celebration**
7) [n] der Anlass (ä, -e) **cause / reason / occasion**
8) [v] feiern **to celebrate**
8) [n] der Geburtstag (-e) **birthday**
9) [adj] herzlich **heartfelt / sincere**
9) [n] der Wunsch (ü, -e) **wish**
9) [n] das Geschenk (-e)* **gift / present**
10) [n] der Freund (-e) / die Freundin (-nen) **friend / boyfriend / girlfriend**
10) [adj] attraktiv **attractive**
10) [n] das Lächeln* **smile**
11) [v] ab'lehnen **to refuse / to decline**
12) [adj] unmöglich **impossible**
12) [n] die Bedingung (-en) **condition / term / requirement**
13) [v] erfüllen **to fulfill / to satisfy / to meet**
14) [n] die Bitte (-n) **request / plea**
14) [v] berücksichtigen **to consider / to take into account**
14) [n] die Liebe (-n) **love**
14) [v] ab'hängen *von* |hing ab, abgehangen| **to depend** *on*
15) [v] überlassen (überlässt) |überließ, überlassen| **to leave to / to entrust to**
15) [adj] hübsch* **cute / pretty**
16) [v] enden **to come to an end / to cease / to finish**
17) [n] der Schluss (ü, -e) **conclusion / end / closure**
18) [v] vor'schlagen (schlägt vor) |schlug vor, vorgeschlagen| **to suggest / to propose**
18) [v] beenden **to end / to finish / to stop**
18) [v] schlafen (schläft) |schlief, geschlafen| **to sleep**
19) [n] der Vorschlag (ä, -e) **suggestion / proposal**

22) [n] der Supermarkt (ä, -e) **supermarket**
22) [n] das Getränk (-e) **drink**
23) [v] an'ordnen* **to arrange / to coordinate**
23) [n] die Möbel* **furniture**
23) [v] passen **to fit / to match**
24) [adj] innen* **inside / interior**
24) [n] die Gestaltung (-en) **layout / design / arrangement**
27) [adj] ausverkauft* **sold out**
27) [n] die Auswahl (-en) **choice / selection**
27) [n] die Sorte (-n)* **sort / kind**
28) [n] die Rechnung (-en) **bill / calculation / invoice**
28) [v] schulden **to owe**
29) [n] die Kosten **cost / expense / tasting**
32) [v] berechnen* **to calculate / to estimate / to charge**
33) [n] das Pech* **bad luck / misfortune**
33) [n] die Vorbereitung (-en) **preparation / preliminary**
33) [n] das Gericht (-e) **dish (food) / court (law)**

Story 13: Planning a Party

1) Jonas, Pierre, Anja und Mary planten eine Party in ihrer Wohnung.
2) Sie besprachen am Tag davor zusammen die Details.
3) »Ist es hier erlaubt eine Party zu machen?«, fragte Mary.
4) »Wir brauchen keine Erlaubnis. Es gibt keine Eltern hier«, sagte Pierre und lachte.
5) »Ich meine, werden unsere Nachbarn die Polizei anrufen, wenn es zu laut ist?«
6) »Nein, wahrscheinlich nicht. In dieser Nachbarschaft sind alle Einwohner Studenten und außerdem habe ich sie alle eingeladen«, sagte Pierre.
7) »Übrigens, was für eine Feier haben wir? Gibt es einen Anlass?«, fragte Jonas.
8) »Man braucht keinen Anlass, um zu feiern und zu trinken, oder?«, sagte Pierre und lachte, »Ehrlich gesagt, es ist mein Geburtstag.«
9) »Ach so, herzlichen Glückwunsch!«, sagte Anja, »Willst du ein Geschenk?«
10) »Ja, ich will eine Freundin, also bitte lade viele attraktive Frauen ein«, sagte Pierre mit einem großen Lächeln.
11) »Ich lehne ab«, sagte Mary.
12) »Ablehnen ist unmöglich. Das ist meine Bedingung!«, sagte Pierre.
13) »Ich kenne nicht viele Frauen, also kann ich diese Bedingung nicht erfüllen«, sagte Jonas.
14) »Ach so«, sagte Pierre, »Dann ist es keine Bedingung, sondern eine Bitte. Aber bitte berücksichtige, dass mein Liebesleben von den Frauen abhängt!«
15) »Überlasse es mir. Ich habe viele hübsche Freundinnen, die ich einladen kann«, sagte Anja.
16) »Wann fängt die Party an und wann endet sie?«, fragte Mary.
17) »Wir fangen um acht Uhr an und einen Schluss gibt es nicht!«, sagte Pierre.
18) »Ich schlage vor, dass wir irgendwann die Party beenden. Man muss auch irgendwann schlafen.«
19) »Guter Vorschlag«, sagte Mary.
20) »Ja, das stimmt. Wenn wir kein Bier mehr haben, dann wird die Party enden«, sagte Pierre.
21) Am nächsten Tag bereiteten sie die Party vor.
22) Jonas ging zum Supermarkt und kaufte viele Getränke und Essen.
23) Mary und Anja ordneten die Möbel so an, dass mehr Leute ins Zimmer passen können.
24) »Was hälst du von der neuen Innengestaltung?«, fragte Anja.
25) »Es sieht gut aus«, sagte Pierre.
26) Jonas kam mit vielen Sachen durch die Tür.
27) »Viel war ausverkauft. Die Auswahl war schlecht. Es gab nicht viele Sorten von Bier.«
28) »Das ist okay, hast du die Rechnung? Wie viel schulde ich dir?«, fragte Pierre.
29) »Nichts, ich trage die Kosten. Herzlichen Glückwunsch!«, sagte Jonas.
30) »Vielen Dank, das ist sehr nett von dir«, sagte Pierre.
31) »Unser Essen auch? Danke!«, sagte Anja.
32) »Das habe ich nicht gesagt«, sagte Jonas, »Ich muss das noch berechnen.«

33) »Was für ein Pech!«, sagte Anja, »Ach, ich habe so viel vorzubereiten. Mary, kannst du mir mit der Vorbereitung des Essens helfen? Ich habe Ideen für ein paar leckere Gerichte.«
34) »Sicher!«, sagte Mary.

Story 14 Vocabulary:
1) [n] niemand **no one / nobody**
2) [n] die Frisur (-en)* **hairstyle / hairdresser**
2) [adj] beschäftigt **busy**
4) [n] die Hilfe (-n) **help**
4) [n] der Fernseher **TV (object)**
4) [v] hoch'heben |hob hoch, hochgehoben|* **to lift up / to elevate**
5) [v] um'stellen* **to rearrange / to reposition / to adjust**
6) [v] sich sorgen *um* **to worry** *about*
6) [v] beschädigen* **to damage / to corrupt / to impair**
6) [n] das Risiko (Risiken) **risk / hazard**
6) [adj] kaputt* **broken**
7) [n] die Chance (-n) **chance / opportunity**
7) [v] geschehen (geschieht) |geschah, geschehen| **to happen / to occur**
8) [n] die Möglichkeit (-en) **possibility**
8) [v] wagen **to risk / to venture / to dare**
8) [n] das Gefühl (-e) **feeling / sense**
8) [adj] schief* **crooked / lopsided**
9) [v] versichern **to assure / to affirm**
9) [v] passieren **to happen / to pass / to come about**
10) [n] das Vertrauen **trust / confidence**
10) [n] Verantwortung (-en) **responsibility / liability**
13) [adj] traditionell **traditional**
13) [n] das Kleid (-er)* **dress / clothing**
13) [adj] rosa **pink**
14) [adj] wunderbar **wonderful**
16) [n] der Kellner / die Kellnerin (-nen)* **waiter / waitress**
16) [v] bedienen **to serve / to wait on / to attend**
17) [v] ein'schenken* **to pour**
17) [adv] selbst **even / in person / self**
18) [adv] wie auch immer* **anyway / in any case / whatever**
18) [n] das Glas (ä, -er) **glass**
19) [v] an'fassen **to grasp / to touch**
19) [v] stören **to disturb / to interfere / to disrupt**
19) [n] die Anordnung (-en)* **arrangement / layout**
19) [adj] ordentlich **neat / orderly / proper**
19) [n] der Gast (ä, -e) **guest / visitor**
21) [adv] unterwegs **en route / on the way**

23) [adv] gestern **yesterday**
23) [n] die Einladung (-en) **invitation**
23) [v] senden **to send / to transmit / to broadcast**
23) [adj] wenig **few / little / small amount**
23) [n] die Nachricht (-en) **news / message / information**
23) [v] beantworten **to answer / to reply to / to respond to**
25) [adj] plötzlich **sudden / suddenly**
26) [n] der Besucher / die Besucherin (-nen) **visitor**
26) [v] empfangen (empfängt) |empfing, empfangen| **to receive / to welcome / to greet**
26) [v] begrüßen **to welcome / to greet / to receive (someone)**
27) [adj] freundlich **friendly / kind**
28) [n] der Gruß (ü, -e) **greeting / salutation**
30) [n] die Seite (-n) **page / side**
31) [n] (der / die) Fremde (-n) **stranger / alien / foreigner**
33) [adj] unten **below / downstairs**
34) [adv] draußen **outside**
36) [adv] völlig **completely / totally / fully**
36) [v] vergessen (vergisst) |vergaß, vergessen| **to forget**
36) [n] das Forum (Foren) **forum**
36) [v] an'kündigen **to announce / to advertise**
36) [n] die Vergebung (-en) **forgiveness / pardon**
36) [v] vergeben **to forgive**
36) [adv] zugleich **together / at the same time**
36) [v] nerven* **to annoy / to bother / to bug**

Story 14: The Party Begins

1) Um sieben Uhr war noch niemand zur Party gekommen.
2) Anja war im Badezimmer mit ihrer Frisur beschäftigt.
3) Mary zog sich um.
4) Jonas stand vor dem Fernseher: »Pierre, Ich brauche deine Hilfe. Ich bin nicht stark genug um den Fernseher hochzuheben.«
5) »Warum willst du ihn umstellen?«
6) »Ich sorge mich, dass er beschädigt werden könnte und will ihn umstellen. Es besteht das Risiko, dass jemand ihn kaputt macht.«
7) »Gibt es wirklich eine Chance, dass das geschehen könnte?«
8) »Es gibt eine Möglichkeit und ich will es nicht wagen. Ich habe das Gefühl, dass heute Abend etwas schief gehen wird.«
9) »Ich versichere dir, nichts wird passieren.«
10) »Das Problem ist nicht das Vertrauen, sondern die Verantwortung. Wenn er kaputt geht, wer wird es bezahlen?«
11) »Okay, wenn etwas geschieht, bin ich verantwortlich. Mach dir keine Sorgen.«
12) Mary und Anja kamen ins Zimmer.
13) Mary trug ein traditionelles deutsches Kleid und Anja ein rosa Kleid.
14) »Du siehst wunderbar aus!«, sagte Jonas.
15) »Danke sehr«, sagte Mary.
16) »Ja, du siehst wie eine Kellnerin aus. Wirst du uns bedienen?«, fragte Pierre.
17) »Nein! Schenk dir dein Getränk selbst ein«, sagte Mary.
18) »Wie auch immer. Sollen wir anfangen zu trinken?«, fragte Pierre und hob sein Glas vom Tisch.
19) »Fass die Gläser nicht an. Es stört mich, wenn die Anordnung der Gläser nicht perfekt ist. Ich will, dass alles ordentlich aussieht, wenn unsere Gäste ankommen«, sagte Anja.
20) »Wie lange muss ich warten?«
21) »Meine Freundinnen sind unterwegs. Kannst du in der Zwischenzeit ein bisschen mehr putzen?«
22) »Ja, okay«, sagte Pierre, »Du, Jonas, hast du viele Leute eingeladen?«
23) »Gestern habe ich die Einladung an meine Freunde gesendet, aber wenige Leute haben die Nachricht beantwortet.«
24) »Ach so«, sagte Pierre.
25) Plötzlich klingelte es an der Tür.
26) »Wir haben Besucher! Mach schnell! Wir müssen sie gut empfangen und begrüßen!«, sagte Anja.
27) Anja öffnete die Tür und eine freundlich aussehende Frau stand dort.
28) »Grüße«, sagte die Frau, »Hier ist die Party, oder?«

29) »Ja, das stimmt. Komm bitte rein«, sagte Jonas.
30) Mary nahm Anja zur Seite: »Kennst du diese Frau?«
31) »Nein, sie ist eine Fremde«, sagte Anja.
32) »Es scheint, dass Jonas und Pierre sie auch nicht kennen«, sagte Mary.
33) »Unten gab es viele Leute am Eingang«, sagte die Frau.
34) Von draußen wird es immer lauter.
35) Anja ging zum Fenster: »Es gibt 50 Leute draußen!«
36) »Ah, ich habe völlig vergessen es euch zu erzählen. Ich habe die Party im Forum der Universität angekündigt. Wenn es ein Problem ist, bitte ich euch um Vergebung«, sagte Pierre.
37) »Ich vergebe dir und zugleich bin ich ein bisschen genervt. Naja, lass uns feiern!«, sagte Anja.

Story 15 Vocabulary:
1) [adj] überfüllt* **crowded / overfilled**
2) [v] bewegen **to move**
2) [v] tanzen* **to dance**
2) [adv] miteinander **together / with each other**
3) [adj] allein **alone / sole**
3) [v] sich an'lehnen *an* **to lean** *on*
3) [v] blicken **to look / to view**
3) [n] das Handy (-s)* **cell phone**
3) [n] die Steckdose (-n)* **plug / power outlet**
3) [v] an'schließen |schloss an, angeschlossen| **to connect / to attach / to plug in**
4) [v] *dat.* sich nähern* **to approach / to draw near**
4) [adv] überall **everywhere**
4) [v] verschwinden |verschwand, verschwunden| **to disappear / to vanish**
5) [n] der Typ (-en) **type / guy / fellow**
5) [v] begleiten **to accompany / to escort**
5) [v] rauchen* **to smoke**
6) [adj] einfach **simple / easy / just**
6) [v] vorüber'gehen |ging vorüber, vorübergegangen|* **to go by / to pass by**
8) [v] sich verhalten **to behave / to act**
8) [adj] glücklich **happy / lucky / fortunate**
9) [n] die Antwort (-en) **reply / response / answer**
9) [v] trennen **to separate / to disconnect**
10) [adj] unglaublich **unbelievable**
10) [adj] hart **hard / stiff**
10) [n] der Augenblick (-e) **moment / instant**
11) [adj] nötig **necessary / needed**
11) [n] der Konsum* **consumption**
11) [v] beschränken **to restrict / to limit**
11) [v] verstärken **to amplify / to strengthen / to reinforce**
11) [adj] negativ **negative**
11) [n] das Leid **suffering / sorrow**
11) [v] verzichten *auf* **to do without / to renounce / to abstain** *from*
12) [n] das Gegenteil (-e) **opposite / inverse**
12) [v] empfehlen (empfiehlt) |empfahl, empfohlen| **to recommend**
12) [v] löschen **to delete / to clear / to erase**
13) [n] die Begegnung (-en) **encounter / meeting**
13) [adv] bisher **so far / up until now**

13) [n] die Beziehung (-en) **relationship / correlation**
13) [adj] schrecklich* **terrible / awful / horrible**
13) [n] die Hoffnung (-en) **hope**
13) [adv] niemals **never / no way**
13) [adj] nett **nice / kind**
13) [v] leiden **to suffer**
14) [adv] sicherlich **surely / certainly**
14) [n] die Gelegenheit (-en) **opportunity / occasion / chance**
14) [v] auf'geben (gibt auf) |gab auf, aufgegeben| **to give up / to surrender / to abandon**
14) [adj] positiv **positive**
14) [v] vorher'sehen (sieht vorher) |sah vorher, vorhergesehen|* **to foresee / to forecast**
15) [n] der Wahrsager / die Wahrsagerin (-nen)* **fortune teller**
16) [n] die Lust (ü, -e) **desire**
20) [n] der Ratschlag (ä, -e)* **advice / suggestion**
20) [n] der Hinweis (-e) **hint / clue / tip**
20) [v] versuchen **to try / to attempt**
20) [n] der Erfolg (-e) **success / prosperity**
20) [n] die Anstrengung (-en) **effort / exertion / strain**
20) [adj] notwendig **necessary / required / essential**
22) [v] greifen **to grab / to grip / to grasp**
22) [v] befehlen (befiehlt) |befahl, befohlen| **to command / to order**
23) [v] überzeugen **to convince / to persuade**
24) [n] die Richtung (-en) **direction / trend**
24) [n] die Mitte (-n) **middle / center**
25) [v] treten (tritt) |trat, getreten| **to kick / to step / to tread**
25) [adj] zufällig **coincidental / random / accidental**
25) [n] der Fuß (ü, -e) **foot**
25) [adj] betrunken* **drunk / intoxicated**
26) [v] fallen (fällt) |fiel, gefallen| **to fall**
26) [n] das Hemd (-en)* **shirt**
26) [v] zerreißen |zerriss, zerrissen| **to rip / to tear**
27) [v] um'stoßen (stößt um) |stieß um, umgestoßen|* **to push over / to knock over**
29) [v] an'greifen |griff an, angegriffen| **to attack / to assault**
29) [v] schieben |schob, geschoben| **to push / to move**
30) [v] schubsen* **to shove / to push**
30) [n] der Bauch (ä, -e)* **stomach / belly**
31) [n] der Schlag (ä, -e) **hit / strike / blow**
31) [v] erbrechen (erbricht) |erbrach, erbrochen|* **to vomit / to throw up**

Story 15: The Party Problems

1) Um 10 Uhr war die Wohnung überfüllt.
2) Obwohl man sich kaum noch bewegen konnte, tanzten viele Leute miteinander.
3) Jonas stand alleine in der Ecke. Er lehnte sich an die Wand an und blickte auf sein Handy, das an der Steckdose angeschlossen war.
4) Pierre näherte sich ihm und fragte: »Hast du Anja gesehen? Ich habe überall gesucht. Sie ist verschwunden.«
5) »Ja, sie hat einen Typ nach draußen begleitet. Vielleicht rauchen sie.«
6) »Ach so. Und du? Stehst du einfach hier bis die Party vorübergeht?«, sagte Pierre.
7) »Ja, wahrscheinlich«, sagte Jonas.
8) »Was ist los? Warum verhältst du dich so? Sei glücklich. Wir machen eine Party«, sagte Pierre.
9) »Ich habe meine Freundin zur Party eingeladen. Ihre Antwort war, dass sie sich von mir trennen möchte.«
10) »Echt? Unglaublich! Das ist sehr hart. Warte einen Augenblick, ich bringe dir noch ein Bier«, sagte Pierre.
11) »Danke, aber das ist nicht nötig. Ich versuche, den Alkoholkonsum zu beschränken. Es verstärkt negative Gefühle und führt nur zu mehr Leid. Es wäre besser, wenn ich darauf verzichten kann.«
12) »Ich glaube das Gegenteil, aber mach was du willst. Ich empfehle ihre Nummer zu löschen, mehr zu trinken und nach einer neuen Freundin zu suchen!«
13) Jonas wurde wütend: »Meine Begegnungen mit Frauen laufen immer schief! Bisher waren alle meine Beziehungen schrecklich. Ich habe keine Hoffnung mehr. Werde ich niemals eine nette Frau treffen? Wie viel muss ich noch leiden?«
14) »Sicherlich hast du heute Abend viele Gelegenheiten, oder? Gib nicht auf! Denk positiv! Du wirst jemand finden. Ich habe es schon vorhergesehen!«, sagte Pierre.
15) »Bist du ein Wahrsager oder was?«, fragte Jonas.
16) »Ja, so was Ähnliches. Hast du Lust zu tanzen?«
17) »Mit dir?«
18) »Nein! Natürlich nicht! Mit einer Frau hier.«
19) »Ich habe keine Lust. Vielleicht gehe ich in mein Zimmer«, sagte Jonas.
20) »Nun, komm schon. Ich gebe dir selten Ratschläge, aber ich gebe dir einen Hinweis. Wenn du nichts versuchst, kannst du keinen Erfolg haben. Ein bisschen Anstrengung ist notwendig«, sagte Pierre.
21) »Danke, aber ich weiß das schon.«
22) Pierre lachte: »Okay, ich versuche etwas anderes«, und griff Jonas am Arm, »Hey Jonas, hör zu! Ich befehle dir, dass du tanzt!«
23) Jonas lachte: »Okay, du hast mich überzeugt. Lass uns tanzen.«
24) Jonas ging Richtung Mitte des Zimmers und fing an zu tanzen.

25) Weil es so überfüllt war, trat er zufällig auf den Fuß eines betrunkenen Mannes.
26) Der Mann fiel auf den Boden und sein Hemd zerriss.
27) Der Mann stand auf und schrie: »Wer hat mich umgestoßen?«
28) »Es tut mir leid. Bist du okay?«, fragte Jonas.
29) Während Jonas noch »okay« sagte, **schob** der Mann einen Stuhl zur Seite und griff Jonas an.
30) Er schubste Jonas gegen die Wand und schlug ihn in den Bauch.
31) Als der Schlag seinen Bauch traf, erbrach Jonas über das Gesicht des Mannes.

Story 16 Vocabulary:
1) [adj] absolut **absolute**
1) [n] das Chaos* **chaos / mess**
2) [adv] bereits **already**
2) [n] der Müll* **garbage / trash**
2) [adj] massiv **massive / solid**
2) [v] formen* **to form / to shape / to mold**
2) [n] der Haufen* **pile / heap**
4) [v] sich fühlen **to feel / to sense**
4) [adj] krank **sick**
4) [n] der Kater* **tomcat / hangover**
5) [v] sich kümmern *um* **to take care** *of*
5) [adv] ernsthaft **seriously / earnestly**
5) [v] verletzen **to hurt / to violate / to injure**
6) [n] die Erinnerung (-en) **memory / reminder / recollection**
7) [v] weg'laufen (läuft weg) |lief weg, weggelaufen|* **to run away**
8) [v] vor'werfen (wirft vor) |warf vor, vorgeworfen| **to accuse / to blame**
8) [v] im Stich lassen* **to abandon / to let down / to forsake**
9) [n] der Vorwurf (ü, -e) **accusation / allegation**
9) [v] retten **to save / to rescue**
9) [adj] unter **under**
9) [v] sich verstecken **to hide oneself / to take cover**
10) [adj] wahr
10) [n] der Ring (-e) **ring**
11) [adj] glaubwürdig **believable / credible**
11) [n] die Tatsache (-n) **fact / certainty**
11) [adj] schwach **weak / faint**
11) [adj] mutig **courageous / brave**
12) [v] vermeiden |vermied, vermieden| **to avoid**
12) [n] der Charakter (-e) **character / nature / personality**
12) [adj] enorm **enormous / huge**
12) [n] die Kraft (ä, -e) **strength / power / force**
12) [adj] selbstverständlich **of course / self-evident / understood**
13) [adj] offensichtlich **obviously / clearly**
13) [n] der Feigling (-e)* **coward**
15) [v] gucken* **to peek / to look**
15) [n] das Opfer **sacrifice / offering / victim**
15) [v] sterben *an* (stirbt) |starb, gestorben| **to die** *of*

15) [adj] gesund **healthy**
16) [adj] gar **at all / really / quite**
16) [adj] tot **dead / deceased**
16) [n] das Blut **blood**
16) [n] der Mund (ü, -er) **mouth**
16) [n] die Nase (-n) **nose**
16) [n] das Auge (-n) **eye**
16) [adj] unbedingt **absolute / unconditional**
16) [n] der Arzt (ä, -e) / die Ärztin (-nen) **doctor / physician**
17) [v] zu'stimmen **to approve / to consent / to agree**
17) [adj] erkennbar **recognizable / identifiable**
17) [n] die Gesundheit **health**
17) [adj] ernst **serious / earnest / severe**
17) [n] das Krankenhaus (ä, -er) **hospital**
18) [adj] erheblich **substantial / considerable / vast**
18) [n] der Schmerz (-en) **pain / ache**
18) [adj] ständig **constant / continuous**
18) [n] das Mittel **means / funds / resources / remedy**
19) [adv] keineswegs **by no means / not at all**
19) [v] benötigen **to require / to be in need of**
19) [adj] geeignet **suitable / appropriate**
19) [n] das Medikament (-e) **medication / drug**
20) [adj] medizinisch **medicinal**
20) [n] die Medizin (-en) **medicine**
21) [n] der Scherz (-e)* **joke**
21) [n] die Haut (ä, -e) **skin**
21) [n] die Wunde (-n) **wound**
22) [adj] körperlich **physical / bodily**
22) [adj] geistig **mental / spiritual / intellectual**
22) [adj] ewig **eternal / forever**
25) [n] der Schutz **protection / shelter**
25) [n] der Angriff (-e) **attack / assault**
25) [adj] offenbar **apparently / obviously / evidently**
25) [adv] bloß **merely / just / only**
26) [n] die Angst (ä, -e) **fear**
26) [n] die Hinsicht (-en) **respect / regard / aspect**
26) [n] das Erlebnis (-se) **experience / adventure**
26) [v] siegen **to win / to be victorious**

Story 16: The Party Aftermath

1) Am nächsten Morgen war die Wohnung ein absolutes Chaos.

2) Mary und Anja waren bereits aufgestanden, sammelten Müll und formten einen massiven Müllhaufen.

3) Pierre kam ins Zimmer rein, mit seiner Hand am Kopf.

4) »Ach... ich fühle mich krank. Ich habe zu viel getrunken. Ich habe einen Kater.«

5) Anja gab Pierre einen bösen Blick: »Warum hast du dich nicht um Jonas gekümmert? Du warst keine Hilfe! Er hätte ernsthaft verletzt werden können!«

6) »Hä? Was genau ist passiert? Meine Erinnerung von gestern ist nicht so klar.«

7) »Als der Mann Jonas geschlagen hat, bist du weggelaufen!«, sagte Anja.

8) »Wirfst du mir vor, dass ich ihn im Stich gelassen habe?«

9) »Es ist kein Vorwurf, sondern die Wahrheit! Statt ihn zu retten, hast du dich unter dem Tisch versteckt.«

10) »Naja, das ist wahr. Ich erinnere mich jetzt. In diesem Moment habe ich nach einem Ring gesucht, der auf den Boden gefallen war.«

11) »Das ist gar nicht glaubwürdig. Die Tatsache ist, dass du einfach schwach und nicht mutig bist!«

12) »Ja, vielleicht ist das wahr. Ich möchte lieber Konflikte vermeiden. Das ist mein Charakter. Hast du den Mann gesehen? Er war enorm. Ich habe nicht genug Kraft, mit so einem Mann fertig zu werden. Das ist selbstverständlich, oder?«

13) »Ja, offensichtlich bist du ein Feigling.«

14) Jonas kam plötzlich ins Zimmer: »Guten Morgen«, sagte er.

15) »Guck mal, das Opfer ist nicht gestorben. Er sieht gesund aus, oder?«, sagte Pierre.

16) »Nein, er sieht gar nicht gesund aus!«, sagte Anja, »Er sieht fast tot aus! Siehst du? Blut kommt aus seinem Mund und seiner Nase! Er hat ein blaues Auge! Jonas, du musst unbedingt zum Arzt gehen«, sagte Anja.

17) »Ich stimme Anja zu«, sagte Mary, »Deine Verletzungen im Gesicht machen dich nicht mehr erkennbar. Man muss die Gesundheit ernst nehmen. Du musst sofort ins Krankenhaus gehen.«

18) »Es ist okay. Ich habe zwar erhebliche, aber keine ständigen Schmerzen. Ich habe Schmerzmittel genommen. Ich komme schon klar«, sagte Jonas.

19) »Keineswegs! Du benötigst geeignete Medikamente«, sagte Anja.

20) »Das Bier ist medizinisch, oder? Wir haben noch viel Medizin«, sagte Pierre.

21) »Jetzt ist keine Zeit für Scherze. Jonas, zieh dein T-Shirt aus! Lass mich deine Haut sehen! Ich will sicher sein, dass du keine anderen Wunden hast«, sagte Anja.

22) »Mir geht es gut. Mach dir keine Sorgen. Irgendwann verschwindet körperlicher Schmerz. Geistiger Schmerz dauert ewig und davon habe ich viel mehr«, sagte Jonas und lachte.

23) »Okay, aber wenn der Schmerz schlimmer wird, versprich mir, dass du zum Arzt gehst«, sagte Anja.

24) »Ich verspreche es«, sagte Jonas.

25) »Übrigens, es tut mir wirklich leid, dass ich dir keinen Schutz während des Angriffs gegeben habe. Ich kann mich nicht gut an gestern erinnern, aber offenbar habe ich mich bloß versteckt«, sagte Pierre.

26) »Mach dir keine Sorgen. Ich habe viel daraus gelernt und jetzt habe ich keine Angst mehr davor zu kämpfen. In dieser Hinsicht war es ein gutes Erlebnis. Nächstes Mal werde ich siegen!«

Story 17 Vocabulary:
1) [n] die Bildung (-en) **education / formation**
1) [n] die Union (-en) **union**
2) [n] die Organisation (-en) **organization**
2) [n] die Gründung (-en) **establishment / foundation / formation**
3) [adj] hauptsächlich **main / primary**
3) [n] der Zweck (-e) **purpose / end / aim**
3) [n] die Kooperation (-en) **cooperation**
3) [n] die Einheit (-en) **unity**
3) [n] der Mitgliedstaat (-en) **member state**
3) [v] fördern **to promote / to encourage / to foster**
3) [adj] persönlich **personal / individual**
3) [n] die Notwendigkeit (-en) **necessity / need**
3) [n] die Globalisierung (-en) **globalization**
3) [n] die Behörde (-n) **authority / office / government body**
3) [adj] gegenwärtig **presently / currently**
3) [v] umfassen **to include / to comprise / to encompass**
3) [v] vertreten **to represent**
3) [n] die Million (-en) **million**
4) [n] das Kriterium (Kriterien) **criteria**
4) [v] wählen **to vote / to elect**
4) [n] die Wahl (-en) **vote / election / ballot**
5) [adj] bürgerlich **civic**
5) [n] der Kandidat (-en) / die Kandidatin (-nen) **candidate / nominee**
5) [v] auswählen **to choose / to select**
5) [adj] schwer **hard / difficult / severe**
5) [v] unterstützen **to support / to aid**
5) [n] die Stimme (-n) **vote / voice**
5) [n] die Rolle (-n) **role**
7) [n] der Lügner / die Lügnerin (-nen)* **liar**
7) [v] behaupten **to claim / to assert / to argue**
7) [v] dienen **to serve / to be in service of**
7) [v] lösen **to solve / to resolve / to release**
7) [v] regieren **to govern / to rule**
7) [v] durch'führen **to carry out / to implement / to take through**
7) [n] die Maßnahme (-n) **measure / action / step**
7) [v] regulieren* **to regulate (law)**
7) [n] die Branche (-n) **industry / sector / department**

7) [v] sicher'stellen **to make sure / to ensure / to safeguard**
7) [v] um'gehen |ging um, umgangen| **to bypass / to avoid / to get around**
7) [v] gewähren **to grant / to give / to concede**
7) [n] der Vertrag (ä, -e) **contract / agreement**
7) [v] profitieren **to profit / to benefit**
7) [v] aus'geben (gibt aus) |gab aus, ausgegeben| **to spend / to issue / to dispense**
7) [adj] verrückt* **crazy**
7) [v] zu'lassen (lässt zu) |ließ zu, zugelassen| **to allow / to tolerate**
8) [v] betrachten **to consider / to regard as / to view as**
9) [adj] deutlich **clear / obvious**
9) [n] der Einfluss (ü, -e) **influence / effect**
10) [n] das Amt (ä, -er) **agency / office / bureau**
11) [n] die Dauer **duration / length / period**
11) [v] betragen (beträgt) |betrug, betragen| **to amount to / to add up to**
12) [n] die Partei (-en) **party / group**
13) [v] unterscheiden |unterschied, unterschieden| **to distinguish / to differentiate**
13) [adj] divers **diverse / various**
13) [n] die Kommission (Kommissionen) **commission / committee**
13) [n] das Mitglied (-er) **member / insider**
13) [adv] ebenfalls **additionally / as well / also**
14) [n] der Umfang (ä, -e) **extent / scope**
14) [n] die Reform (-en) **reform**
14) [adj] umfangreich **extensive / wide / substantial**
14) [adj] wirtschaftlich **economic**
14) [adj] ökologisch **ecological / environmental**
14) [n] der Widerspruch (ü, -e) **contradiction / disagreement**
14) [adv] beispielsweise **for example / for instance**
14) [n] das Verbot (-e) **ban / prohibition**
14) [n] die Droge (-n) **drug**
15) [adj] generell **generally**
15) [n] das Beispiel (-e) **example**
15) [n] der Effekt (-e) **effect / impact**
15) [n] der Flüchtling (-e) **refugee / fugitive**
15) [adj] rechtlich **legal / related to law**
15) [n] die Durchführung (-en) **implementation / enforcement / execution**
15) [adj] gerecht **just / fair**
16) [v] finanzieren **to finance / to fund**
16) [n] die Finanzierung (-en) **funding / financing**

16) [n] die Stiftung (-en) **donation / trust / endowment**
17) [adj] gewiss **certain / sure**
18) [n] die Auffassung (-en) **conception / view / opinion**
19) [n] das Individuum (Individuen) **individual / person**
19) [adj] selbständig **independent / self-sufficient**
19) [adj] individuell **individual**
19) [n] die Regulierung (-en)* **regulation (law)**
19) [adj] begrenzt **limited / restricted**
20) [adj] ursprünglich **originally / initially**
20) [n] die Republik (-en) **republic**
20) [n] die Verfassung **constitution / condition**
20) [v] beruhen *auf* **to be based** *on*
20) [v] stammen *von* **to come** *from* / **to be derived** *from* / **to originate** *from*
20) [adj] allmählich **gradual**
20) [adj] demokratisch **democratic**
20) [adj] heutig **contemporary**
20) [v] beeinflussen **to influence / to affect / to manipulate**
20) [v] überwiegen |überwog, überwogen| **to predominate / to prevail**
21) [adj] dumm **dumb**
21) [adj] kommunistisch **communist / communistic**
21) [v] an'erkennen |erkannte an, anerkannt| **to recognize / to respect / to acknowledge**
21) [adj] kapitalistisch **capitalistic**
21) [adj] erfolgreich **successful / prosperous**
22) [n] der Experte (-n) / die Expertin (-nen) **expert**
22) [adj] langfristig **long term / long run / long range**
22) [adj] nachhaltig **sustainable / lasting**
23) [adj] sogenannt **so-called**
23) [n] das Kapital (-ien) **capital / asset / resource**
23) [n] die Ressource (-n) **resource**
23) [adj] knapp **scarce / short supply**
23) [adj] kostenlos **free (money)**
23) [adj] extrem **extreme / excessive**

Story 17: The European Union

1) Mary hatte einen Test über die Bildung der Europäischen Union und stellte Anja einige Fragen dazu.

2) »Kannst du mir von der Organisation und der Gründung der EU erzählen? Weshalb wurde die EU gegründet?«, fragte Mary.

3) »Die EU wurde hauptsächlich für den Zweck geschaffen, die Kooperation und Einheit zwischen den Mitgliedstaaten zu fördern. Aber meine persönliche Meinung ist, dass sie aus der Notwendigkeit der Globalisierung geschaffen wurde. Das EU-Parlament ist die Hauptbehörde der EU. Gegenwärtig umfasst sie 27 Mitgliedstaaten und vertritt ungefähr 400 Millionen Bürger.«

4) »Nach welchen Kriterien sollte man wählen? Hast du bei der letzten Wahl gewählt?«, fragte Mary.

5) »Natürlich. Wählen sehe ich als eine bürgerliche Pflicht. Es war aber schwer einen Kandidaten auszuwählen. Ich unterstütze keinen von ihnen. Naja, meine Stimme spielt keine Rolle, glaube ich.«

6) »Warum unterstützt du niemanden?«

7) »Sie sind alle Lügner!«, sagte Anja und lachte, »Also sie behaupten, dass sie uns dienen, aber sie wollen uns nur beherrschen. Sie lösen keine echten Probleme. Sie regieren schlecht und führen viel zu viele Maßnahmen durch, die weitere Probleme verursachen. Dazu regulieren sie zu viele Branchen und stellen sicher, dass ihre Freunde die Gesetze umgehen können. Sie gewähren Insider-Verträge, sodass sie selbst profitieren können und geben Geld aus wie verrückt. Ich weiß nicht, wieso es jeder zulässt.«

8) »Es scheint, dass du die Regierung als böse betrachtest.«

9) Anja lachte: »Das ist deutlich, oder? Mein Vater ist in der DDR aufgewachsen, also hat das einen großen Einfluss auf meine Meinung.«

10) »Wie lange bleibt der EU-Parlamentspräsident im Amt?«

11) »Ich glaube, dass die Amtsdauer 2,5 Jahre beträgt.«

12) »Hat die EU eigene politische Parteien?«

13) »Ja und sie unterscheiden sich von den Parteien der Länder. Es gibt auch diverse Kommissionen. Die Mitglieder der Kommissionen haben ebenfalls viel Macht über die EU.«

14) »In welchem Umfang können sie Gesetze und Reformen machen? Ist die Macht der EU umfangreich? Machen sie wirtschaftliche und auch ökologische Gesetze? Was wäre, wenn eine Vorschrift der EU im Widerspruch zu einem Gesetz eines Landes steht? Beispielsweise das Verbot von Drogen?«

15) »Das EU-Recht hat generell Vorrang vor dem Recht der Mitgliedstaaten. Zum Beispiel das Einwanderungsgesetz. EU-Bürger können sich frei zwischen den Ländern bewegen. Dies hatte einen großen Effekt auf Deutschland, weil viele Flüchtlinge nach Europa gekommen sind. Also gibt es viele rechtliche Probleme mit der Durchführung des Einwanderungsgesetzes. Es ist schwierig zu entscheiden, was gerecht ist.«

16) »Wie wird die EU finanziert? Kommt die Finanzierung aus Stiftungen?«, fragte Mary.
17) »Ich bin mir nicht sicher. Gewiss gibt es Steuern oder so etwas.«
18) »Ach so. Übrigens, was ist deine Auffassung von Amerika?«, fragte Mary.
19) »In Amerika sind die Rechte des Individuums wichtig, oder? Amerikaner sind selbständig und glauben an individuelles Recht und auch, dass die Regulierung der Regierung begrenzt sein sollte.«
20) »Nun, einige Leute denken so. Amerika war ursprünglich eine Republik. Die Verfassung beruht auf der Idee, dass die Rechte nicht von der Regierung, sondern von Gott stammen. Aber allmählich wurde Amerika demokratischer und die Richtung im heutigen Amerika wird von sozialistischen Ideen beeinflusst. Welche Ideen überwiegen werden, weiß ich nicht.«
21) »Echt? Sind sie alle dumm? Kennen sie die Geschichte der kommunistischen Länder nicht? Erkennen sie nicht an, dass kapitalistische Länder immer erfolgreicher sind?«
22) »Nun, manche Experten sagen, dass Kapitalismus langfristig nicht nachhaltig sei.«
23) »Ja, und diese sogenannten Experten wissen nicht was Kapital ist. Sie wissen nicht, dass Ressourcen knapp sind und denken, dass alles kostenlos sein kann.«
24) »Das ist ja ein bisschen extrem. Naja, ich habe keine anderen Fragen. Ich hoffe, ich bestehe den Test.«
25) »Wenn du ihn bestehst, kauf ich dir ein Eis.«
26) »Kostenloses Eis? Das ist ja Kommunismus!«

Story 18 Vocabulary:

1) [*n*] das Haus (ä, -er) **house / home**
1) [*n*] der Artikel **article / item**
1) [*v*] übersetzen **to translate / to interpret**
2) [*n*] die Übersetzung (-en) **translation / interpretation**
2) [*adj*] halb **half**
3) [*adj*] komplett **complete / entire**
4) [*n*] der Absatz (ä , -e) **paragraph**
5) [*n*] der Computer **computer**
5) [*adj*] automatisch **automatic**
7) [*adj*] verständlich **understandable / intelligible**
7) [*adj*] lustig **funny**
7) [*adj*] nützlich **useful / beneficial**
7) [*n*] der Fisch (-e) **fish**
7) [*v*] verbessern **to improve / to enhance**
8) [*n*] das Wort (ö, -er) **word**
8) [*adj*] falsch **false**
9) [*n*] die Schreibweise (-n)* **spelling**
9) [*n*] die Bedeutung **meaning**
9) [*n*] der Beginn (-e) **beginning**
9) [*v*] bearbeiten **to edit / to process**
10) [*adv*] diesmal **this time**
10) [*v*] prüfen **to check / to examine / to test**
11) [*v*] kopieren* **to copy / to duplicate**
11) [*v*] ein'fügen* **to paste / to insert**
13) [*adj*] erforderlich **required / necessary**
14) [*adj*] sämtlich **all / complete / full**
14) [*v*] reichen **to pass / to hand over / to be sufficient**
14) [*v*] zählen **to count / to number / to total**
15) [*n*] der Satz (ä, -e) **sentence**
15) [*v*] fehlen **to lack / to be missing / to err**
16) [*n*] das Objekt (-e) **object / item**
17) [*n*] der Gegenstand (ä, -e) **object / subject / topic**
17) [*n*] der Nominativ (-e)* **nominative case**
18) [*n*] der Unterschied (-e) **difference**
18) [*v*] aus'sprechen (spricht aus) |sprach aus, ausgesprochen| **to pronounce / to express**
18) [*adv*] anders **different / else / other**
19) [*n*] die Aussprache **pronunciation / accent**

19) [adj] gleich **equal / same**
19) [adj] schriftlich **written / in writing**
19) [n] die Alternative (-n) **alternative**
19) [adv] meistens **mostly / usually**
19) [adj] einzig **only / solely**
20) [adj] direkt **direct / directly / straight**
21) [n] der Übersetzer / die Übersetzerin (-nen)* **translator**
21) [adj] abhängig **dependent / contingent**
21) [n] die Schwierigkeit (-en) **difficulty / challenge**
21) [adj] wortwörtlich* **word-for-word / verbatim**
21) [n] der Schwerpunkt (-e) **emphasis / focus / center of gravity**
22) [v] aus'tauschen **to exchange / to interchange / to swap**
23) [n] die Verbesserung (-en) **improvement / enhancement**
23) [n] die Schrift (-en) **font / script / handwriting**
23) [v] sich konzentrieren **to concentrate**
24) [adj] leserlich* **legible / readable**
24) [n] die Schule (-n) **school**
24) [n] die Übung (-en) **practice / exercise / drill**
24) [adj] grammatikalisch* **grammatical**
24) [n] Regelmäßigkeit (-en)* **regularity**
24) [n] die Ausnahme (-n) **exception / exclusion / exemption**
24) [v] *dat.* sich merken **to notice / to remember / to realize**
24) [n] die Methode (-n) **method / technique**
25) [adj] speziell **special / particular**
25) [v] enthalten (enthält) |enthielt, enthalten| **to contain / to include**
25) [adj] zahlreich **numerous**
26) [v] fort'setzen **to continue / to resume / to proceed**

Story 18: Translation Homework

1) Als Hausaufgabe muss Pierre einen französischen Artikel ins Deutsche übersetzen.

2) Als er die Übersetzung halbwegs fertig hatte, bat er Jonas sie zu überprüfen und nach Fehlern zu suchen.

3) »Ich habe ihn noch nicht komplett übersetzt, aber kannst du das überprüfen, was ich schon geschrieben habe?«

4) Jonas las den ersten Absatz der Übersetzung.

5) »Hast du einen Computer benutzt, um ihn automatisch übersetzen zu lassen oder hast du es selbst gemacht?«, fragte Jonas.

6) »Ich habe es selbst gemacht. Klingt es seltsam?«

7) »Die meisten Sätze sind verständlich, aber einige klingen lustig. Ein nützlicher Fisch? Was soll das sein? Ich glaube, wir können die Übersetzung verbessern.«

8) »Ach, habe ich das Wort falsch geschrieben?«, fragte Pierre.

9) »Die Schreibweise ist korrekt. Die Bedeutung ist aber falsch. Lass uns erneut von Beginn an übersetzen. Wenn wir manche Sätze bearbeiten, dann werden sie besser klingen.«

10) »Okay, diesmal benutze ich den Computer. Dann können wir die Übersetzungen vergleichen und prüfen, ob der Computer korrekt übersetzten kann.«

11) Pierre kopierte den Artikel und fügte ihn in die Übersetzungssoftware ein.

12) Jonas bemerkte, dass Pierre nicht den ganzen Artikel kopierte.

13) »Ist es nicht erforderlich den ganzen Artikel zu übersetzen?«, fragte Jonas.

14) »Wir müssen nicht sämtliche Wörter übersetzen. 500 Wörter reichen. Ich habe sie nicht gezählt. Es sind etwa 500, oder?«

15) »Ja, es scheint so. Nun, lass uns anfangen. In diesem Satz fehlt noch etwas. Weißt du, was es ist?«

16) »Der Satz braucht ein Objekt, oder?«

17) »Das stimmt. Dieses Wort hier ist der Satzgegenstand. Deswegen muss es Nominativ sein«, sagte Jonas.

18) »Danke. Was ist der Unterschied zwischen diesen beiden Schreibweisen? Spricht man es anders aus?«

19) »Die Aussprache ist gleich, aber schriftlich gibt es eine Alternative. Meistens wird es mit einem Umlaut geschrieben. Dieses Wort hier hat aber nur eine einzige Schreibweise, selbst wenn es Plural ist.«

20) »Okay, und dieser Satz hier? Soll ich diese Wörter direkt übersetzen?«

21) »Das ist vom Übersetzer abhängig. Die Schwierigkeit besteht darin, ob man wortwörtlich übersetzen soll oder nicht. Man muss auch über den Schwerpunkt des Satzes nachdenken.«

22) »Ja, das stimmt. Ich glaube, es klingt vielleicht besser, wenn wir diese Wörter austauschen und diese Sätze verbinden. Was meinst du?«, fragte Pierre.

23) »Ich finde, dass du dich ein bisschen mehr auf die Verbesserung deiner Schrift konzentrieren solltest. Ich kann sie überhaupt nicht lesen.«

24) »Echt? Ist meine Schrift so unleserlich? Naja, in der Schule habe ich nie meine Schreibübungen gemacht. Übrigens, wie kann ich mir die grammatikalischen Unregelmäßigkeiten merken? Kennst du eine gute Methode?«

25) »Ich glaube, es gibt keine spezielle Methode. Jede Sprache enthält zahlreiche Ausnahmen und man muss sie einfach lernen.«

26) »Tja, das stimmt«, sagte Pierre und setzte seine Arbeit an der Übersetzung fort.

Story 19 Vocabulary:
1) [v] entwickeln **to develop / to evolve / to generate**
1) [n] das Produkt (-e) **product / produce**
1) [n] die Technologie (-n) **technology**
1) [v] verwenden *für* |verwendete/verwandte, verwendet/verwandt| **to use** *as* / **to utilize** *for*
1) [n] die Produktivität* **productivity**
1) [n] die Industrie (-n) **industry**
1) [v] steigern **to increase / to improve / to enhance**
2) [n] die Werbeaktion (-en)* **sales campaign / promotion**
2) [v] starten **to start / to launch**
2) [n] der Kunde (-n) / die Kundin (-nen) **customer / client**
2) [v] gewinnen |gewann, gewonnen| **to win / to gain**
3) [v] sich beschäftigen *mit* **to be busy / to occupy oneself** *with*
4) [n] der Hersteller **producer / manufacturer**
4) [n] die Entwicklung (-en) **development / trend / evolution**
4) [n] der Fortschritt (-e) **progress / advancement**
4) [n] der Nutzen **usefulness / benefit / profit / gain**
4) [v] werben (wirbt) |warb, geworben| **to advertise / to promote / to recruit**
5) [n] die Konkurrenz **competitor / competition / rivalry**
5) [adv] derzeit **currently / presently**
5) [adv] ebenso **similarly / as well / likewise**
5) [v] funktionieren **to function / to work / to operate**
5) [v] leisten **to afford / to accomplish / to perform**
6) [adj] national **national**
6) [n] die Messe (-n)* **fair / exhibition / trade show**
6) [v] aus'stellen **to exhibit / to display / to show**
6) [n] der Vorteil (-e) **advantage / benefit**
6) [n] der Nachteil (-e) **disadvantage / drawback**
7) [n] der Preis (-e) **price / fee / award / prize**
7) [n] die Nachfrage (-n) **demand (economic)**
7) [v] ziehen |zog, gezogen| **to pull / to move**
8) [n] die Technik **technology / technique / engineering**
8) [n] die Option (-en)* **option / possibility**
8) [v] ermöglichen **to enable / to facilitate**
9) [adj] vollständig **full / complete / thorough**
9) [v] bewerten **to evaluate / to assess**
10) [v] sich bemühen **to endeavor / to make an effort / to try**
10) [v] erstellen **to create / to prepare / to compile**

10) [n] der Auftrag (ä, -e) **assignment / order / contract / job**
10) [v] aus'handeln **to negotiate**
10) [n] das Einkommen **income / earnings / salary**
10) [v] *dat.* entsprechen (entspricht) |entsprach, entsprochen| **to correspond / to conform / to correlate**
10) [n] die Kompetenz (-en) **competence / qualification / expertise**
11) [v] genügen **to be enough / to be sufficient**
14) [adj] blass* **pale / faint**
15) [n] der Mangel (ä) **defect / shortage / deficiency**
16) [v] vor'kommen |kam vor, vorgekommen| **to occur / to happen / to be found**
16) [adj] häufig **often / frequently**
16) [n] das Prozent (-e) **percent / percentage**
16) [v] her'stellen **to produce / to make / to manufacture**
16) [n] die Nutzung (-en) **use / utilization**
16) [adj] roh* **raw / rough**
16) [n] der Stoff (-e) **material / fabric / substance**
16) [adj] kürzlich **recently / lately**
16) [n] die Flüssigkeit (-en) **liquid / fluid**
16) [n] das Gas (-e)* **gas (matter)**
16) [v] erzeugen **to produce / to generate / to manufacture**
16) [n] die Lunge (-n)* **lung**
17) [v] warnen *vor* **to warn** *about*
17) [v] sich verantworten **to take responsibility / to answer for**
17) [v] gefährden **to endanger / to jeopardize**
17) [n] das Personal **staff / employees / personnel**
18) [adj] gründlich* **thorough / rigorous / in-depth**
18) [v] beurteilen **to judge / to assess / to measure**
18) [v] handeln **to act / to take action / to deal in**
19) [v] um'setzen **to implement / to convert / to translate**
19) [adv] sonst **otherwise / else**
19) [v] scheitern **to fail / to collapse / to flounder**
19) [v] verlegen **to publish / to postpone / to reschedule**
19) [v] kündigen **to terminate / to cancel**
20) [v] vereinbaren **to reach an agreement / to settle / to make a deal**
20) [n] die Forschung (-en) **research**
20) [v] erwerben (erwirbt) |erwarb, erworben| **to acquire / to purchase**
20) [v] produzieren **to produce / to manufacture**
20) [n] die Garantie (-n)* **guarantee / warranty**

20) [*v*] übernehmen (übernimmt) |übernahm, übernommen| **to take on / to take over / to assume**
21) [*n*] das Genie (-s)* **genius**

Story 19: The New Product

1) Die Firma, bei der Jonas arbeitet, entwickelte ein neues Produkt, das neue Technologie verwendete, um die Produktivität der Industrie zu steigern.

2) Die Firma wollte eine Werbeaktion starten, um Kunden zu gewinnen.

3) Jonas und sein Kollege beschäftigten sich in letzter Zeit damit.

4) »Wenn jeder Hersteller dieses Produkt hätte, würde die Entwicklung schnell Fortschritte machen. Der Nutzen ist so offensichtlich, dass wir nicht dafür werben müssen«, sagte der Kollege.

5) »Doch unsere Konkurrenz entwickelt derzeit auch ein Produkt, das ebenso wie unseres funktioniert und vielleicht kann es ein bisschen mehr leisten«, sagte Jonas.

6) »Ja, und nächste Woche wird es auf der nationalen Messe ausgestellt. Also müssen wir die Vorteile unseres Produktes und die Nachteile des Produktes der Konkurrenz betonen.«

7) »Ich glaube, wenn der Preis gut ist, kann unser Produkt die ganze Nachfrage auf sich ziehen.«

8) »Ein guter Kunde bewertet nicht nur den Preis, sondern auch wie die Technik neue Optionen ermöglichen kann, oder?«, sagte der Kollege.

9) »Ja, das stimmt. Aber wie kann man das vollständig bewerten?«

10) »Das weiß ich nicht. Egal, wir müssen uns bemühen eine gute Werbung zu erstellen. Wenn ich diesen Auftrag gut mache, dann kann ich einen höheren Lohn aushandeln. Mein Einkommen entspricht nicht meinen Kompetenzen.«

11) »Meines genügt, glaube ich«, sagte Jonas.

12) »Aber du bist ein Teilzeitarbeiter!«, sagte der Kollege, »Naja, hast du den aktuellsten Bericht über das Produkt?«

13) »Ja«, sagte Jonas und gab seinem Kollegen den Bericht.

14) Das Gesicht des Kollegen wurde blass.

15) »Gibt es einen Mangel? Das kann nicht sein!«, schrie der Kollege.

16) »Ja, es kommt häufig vor. Ungefähr 15 Prozent der Produkte, die wir herstellen, haben diesen Mangel. Vielleicht wegen der Nutzung der billigen Rohstoffe. Außerdem wurde mir kürzlich gesagt, dass die Flüssigkeiten, die sie benutzen, ein Gas erzeugen, das der Lunge schadet.«

17) »Woraus besteht diese Flüssigkeit? Warum hat uns niemand davor gewarnt? Wer wird das verantworten? Sie gefährden nicht nur das Leben des Personals, sondern auch mein Einkommen!«

18) »Ich glaube, dass die Chefs den Schaden ein bisschen gründlicher beurteilen wollen, bevor sie handeln.«

19) »Sie müssen schnell Sicherheitsmaßnahmen umsetzen, sonst wird diese Firma scheitern! Wir müssen diese Werbeaktion verlegen. Nein, wir müssen den ganzen Vertrag kündigen!«

20) »Vielleicht können wir etwas mit unserer Konkurrenz vereinbaren. Wir verkaufen ihnen unsere Forschung und dann erwerben wir das Recht zu produzieren. Sie können die Garantie für das Produkt übernehmen, sodass wir nicht rechtlich verantwortlich sind.«

21) »Jonas, du bist ein Genie!«, sagte der Kollege.

Story 20 Vocabulary:

1) [n] das Kino (-s) **movie theater / cinema**
3) [adj] schwarz **black**
3) [n] das Pferd (-e) **horse**
4) [n] das Tier (-e) **animal**
4) [n] das Kind (-er) **child**
5) [n] der Mord (-e) **murder / homicide**
5) [adj] fern **far / remote**
5) [n] die Insel (-n) **island**
5) [n] der Polizist (-en) / die Polizistin (-nen) **police officer**
5) [n] der Urlaub (-e) **vacation / holiday**
5) [n] die Familie (-n) **family**
5) [n] die Identität (-en) **identity**
5) [n] das Motiv (-e) **motive / reason / motif**
5) [n] der Mörder / die Mörderin (-nen)* **murderer**
5) [v] auf'tauchen* **to appear / to emerge / to show up**
5) [n] das Meer (-e) **ocean / sea**
5) [n] das Schiff (-e) **ship / boat**
5) [n] (der / die) Tote (-n) **dead person**
5) [adv] irgendwie **somehow**
5) [n] der Zusammenhang (ä, -e) **context / connection / relationship**
5) [adj] psychologisch **psychological**
6) [adj] derartig **such / that kind of**
6) [adj] deprimierend* **depressing**
6) [adj] froh **glad / happy / pleased**
7) [n] die Pflanze (-n) **plants**
7) [n] die Welt (-en) **world**
7) [n] der Roman (-e) **novel**
7) [n] die Umwelt **environment**
7) [n] der Planet (-en) **planet**
7) [adj] weltweit **worldwide**
7) [n] die Katastrophe (-n)* **disaster / catastrophe**
8) [adj] langweilig* **boring**
9) [n] der Mut **courage / heart / bravery**
9) [n] der Soldat (-en) / die Soldatin (-nen) **soldier**
11) [adj] unschuldig* **innocent**
11) [v] schießen |schoss, geschossen| **to shoot / to fire**
11) [n] das Militär **military / armed forces**

11) [n] der Führer / die Führerin (-nen) **leader**
11) [v] vermuten **to suspect / to assume / to guess**
11) [n] (der / die) Schuldige (-n)* **culprit / guilty party**
11) [n] die Vergangenheit (-en) **past / history**
13) [n] der Prozess (-e) **process / trial**
13) [n] der Richter / die Richterin (-nen) **judge**
13) [n] (der / die) Geschworene (-n)* **juror**
13) [n] die Aussage (-n) **statement / testimony**
13) [n] der Zeuge (-n) / die Zeugin (-nen)* **witness**
13) [n] die Verteidigung (-e) **defense / plea**
13) [n] der Beweis (-e) **proof / evidence**
13) [v] verurteilen **to condemn / to denounce / to convict**
15) [v] sich erweisen |erwies, erwiesen| **to prove to be / to turn out to be**
15) [n] der Anführer / die Anführerin (-nen)* **leader / ringleader**
15) [n] der Terrorist (-en) / die Terroristin (-nen)* **terrorist**
15) [v] erkennen **to recognize / to recognize / to realize**
15) [v] begegnen **to encounter / to meet / to confront**
15) [v] opfern **to sacrifice / to offer**
15) [v] fangen (fängt) |fing, gefangen| **to catch / to capture / to trap**
17) [v] entlassen (entlässt) |entließ, entlassen|* **to release / to free / to let go**
17) [v] sich verpflichten *zu* **to commit oneself** *to* / **to pledge oneself** *to*
17) [n] die Waffe (-n) **weapon / gun**
19) [n] die Erzählung (-en) **story / narration**

Story 20: Going to the Movies

1) Jonas, Pierre, Mary und Anja wollten ins Kino gehen.

2) Sie hatten sich noch nicht entschieden, welchen Film sie sehen wollten.

3) »Lass uns *Das Schwarze Pferd* sehen«, sagte Pierre.

4) »Worum geht es in dem Film? Handelt er von Tieren? Es klingt wie ein Film für Kinder«, sagte Anja.

5) »Er handelt von einem Mord auf einer fernen Insel. Ein Polizist macht dort Urlaub mit seiner Familie. Niemand kennt die Identität oder das Motiv des Mörders. Dann taucht auf dem Meer plötzlich ein Schiff mit einem zweiten Toten auf, der irgendwie damit im Zusammenhang steht. Es ist ein psychologischer Thriller!«

6) »Derartige Filme sind deprimierend. Ich will etwas Fröhlicheres sehen«, sagte Anja.

7) »Lass uns *Die Pflanze der Welt* sehen. Dieser Film beruht auf einem Roman, den ich mag. Es geht um Umweltschutz und wie wir den Planeten vor weltweiten Katastrophen schützen können«, sagte Mary.

8) »Dokumentarfilme sind mir zu langweilig. Ich mag Actionfilme«, sagte Jonas.

9) »Ich auch. Hast du *Der Mut der Soldaten* gesehen? Dieser Film ist wirklich cool«, sagte Pierre.

10) »Nein, worum geht es?«, fragte Jonas.

11) »Während eines Angriffs wird auf eine unschuldige Person geschossen. Der Militärführer vermutet, dass die Hauptfigur der Schuldige ist, weil er eine dunkle Vergangenheit hat.«

12) »Und dann?«, fragte Jonas.

13) »Es gibt einen Prozess und der Richter erlaubt den Geschworenen weder die Aussage der Zeugen noch die Verteidigung zu hören. Obwohl es keinen Beweis gibt, wird der Soldat verurteilt.«

14) »Und dann?«, fragte Jonas.

15) »Der Richter erweist sich als Anführer einer Terroristengruppe. Ein anderer Soldat erkennt, dass der Richter ein Terrorist ist. Dieser Soldat begegnet dem Richter und opfert sich selbst, um ihn zu fangen.«

16) »Und was ist mit dem Soldaten, der verurteilt wurde?«, fragte Jonas.

17) »Er wird entlassen und er verpflichtet sich nie wieder seine Waffe zu benutzen.«

18) »Cool. Das will ich sehen«, sagte Jonas.

19) »Wieso? Du hast schon die ganze Geschichte gehört. Pierre, deine Erzählung hatte viel zu viele Spoiler!«, sagte Anja.

Glossary:

Note: This glossary contains vocabulary from both German Short Stories 1000 & 2000.

[n] **ability / skill / capacity** die Fähigkeit (-en)
[adj] **above / top** oben
[adj] **absolute / unconditional** unbedingt
[adj] **absolute** absolut
[adj] **academic** akademisch*
[n] **academic studies / course of study** das Studium (Studien)
[n] **access / admission / entrance** der Zugang (ä, -e)
·[adj] **accessible / open / available** zugänglich
[n] **accident / crash / disaster** der Unfall (ä, -e)*
[n] **act / deed** der Akt (-e)
[n] **action** die Aktion (-en)
[adj] **active / energetic** aktiv
[n] **activity** die Aktivität (-en)
[adj] **actual / real** tatsächlich
[adj] **actually / really** eigentlich
[adj] **additional / further** zusätzlich
[adv] **additionally / as well / also** ebenfalls
[n] **address** die Adresse (-n)
[n] **adult / grown up** (der / die) Erwachsene (-n)
[n] **advantage / benefit** der Vorteil (-e)
[adv] **after all / anyway** immerhin
[adv] **again / once again** noch einmal / nochmals
[adv] **again** wieder
[n] **age / seniority** das Alter
[n] **agency / office / bureau** das Amt (ä, -er)
[n] **agriculture / farming** die Landwirtschaft (-en)
[adj] **ahead / in front** voraus
[n] **air / breath** die Luft (ü, -e)
[adv] **a little bit / a small amount of / somewhat** bisschen
[n] **alcohol** der Alkohol*
[adj] **all / complete / full** sämtlich
[adj] **all** alle
[adj] **almost / nearly** fast
[adj] **alone / sole** allein
[adv] **already** schon
[n] **alternative** die Alternative (-n)
·[adj] **alternative** alternativ
[adv] **always** immer
[adj] **amazing / astonishing** erstaunlich
[n] **analysis** die Analyse (-n)
[n] **angel** der Engel
[adj] **angry / mad / furious** wütend*
[n] **animal** das Tier (-e)
[adv] **anyhow / anyway / at any rate** jedenfalls
[adv] **anyway / in any case / whatever** wie auch immer*
[adj] **apparent / seeming** scheinbar
[adj] **apparently / obviously / evidently** offenbar
[n] **appliance** der Apparat (-e)
[n] **application / request / proposal** der Antrag (ä, -e)
[n] **appointment / meeting / date** der Termin (-e)
[n] **approach / estimate** der Ansatz (ä, -e)
[adj] **approximate / rough / about** ungefähr
[adj] **appropriate / reasonable / fair** angemessen
[n] **area / field / sector** der Bereich (-e)
[n] **area / region / territory** das Gebiet (-e)
[n] **area / surface** die Fläche (-n)
[n] **argument** das Argument (-e)
[n] **arm** der Arm (-e)
[n] **army** die Armee (-n)
[n] **arrangement / layout** die Anordnung (-en)*
[n] **art** die Kunst (ü, -e)
·[n] **artist** der Künstler / die Künstlerin (-nen)
·[adj] **artistic** künstlerisch
[n] **article / item** der Artikel
[n] **aspect / facet** der Aspekt (-e)
[n] **assignment / order / contract / job** der Auftrag (ä, -e)
[adj] **at all / really / quite** gar
[adv] **at all / even** überhaupt
[adv] **at least / at minimum** mindestens
[adv] **at least / fewest (negative nuance)** wenigstens
[adv] **at least (limitations)** zumindest
[n] **atmosphere** die Atmosphäre
[n] **attention / caution / care** die Vorsicht
·[adj] **careful / cautious** vorsichtig
[n] **attention / thoughtfulness / concentration** die Aufmerksamkeit
·[adj] **attentive / alert / mindful** aufmerksam
[n] **attitude / posture / stance** die Haltung (-en)
[adj] **attractive** attraktiv
[n] **audience / public / crowd** das Publikum
[n] **author / writer** der Autor (-en) / die Autorin (-nen)
[n] **authority / office / government body** die Behörde (-n)
[adj] **automatic** automatisch
[adj] **available / present / existing** vorhanden
[n] **average** der Durchschnitt (-e)
·[adj] **average / standard / ordinary** durchschnittlich
[n] **awareness / consciousness** das Bewusstsein (-e)
·[adj] **aware / conscious / deliberate** bewusst

[adj] **away / far / distant** entfernt
[adv] **away / gone** fort
[adv] **back / behind / reverse** zurück
[n] **back / spine** der Rücken
[n] **background / setting** der Hintergrund (ü, -e)
[adv] **back then / at that time / in those days** damals
·[adj] **then / at the time / former** damalig
[adj] **bad / poor / sick** schlecht
[adj] **bad / terrible / evil** schlimm
[n] **bad luck / misfortune** das Pech*
[n] **bank** die Bank (-en)
[n] **bar / pub** das Lokal (-e)
·[adj] **local** lokal
[n] **base / basis / foundation** die Basis (Basen)
[n] **bath** das Bad (ä, -e)
[adj] **beautiful** schön
[n] **bed** das Bett (-en)
[n] **beer** das Bier (-e)*
[adj] **behind / after** hinter
[adj] **below / downstairs** unten
[n] **billion** die Milliarde (-n)
[n] **bite / mouthful** der Bissen*
[n] **bird** der Vogel (ö)
[adj] **black** schwarz
[n] **blood** das Blut
[adj] **blue** blau
[n] **board of directors / committee** der Vorstand (ä, -e)
[n] **body / torso** der Körper
·[adj] **physical / bodily** körperlich
[n] **book** das Buch (ü, -er)
[adj] **boring** langweilig*
[n] **boss / director** der Chef (-s) / die Chefin (-nen)
[adj] **both** beide
[n] **boy / kid** der Junge (-n)
[n] **brain / mind** das Gehirn (-e)
[n] **bread** das Brot (-e)*
[n] **bridge** die Brücke (-n)
[adj] **bright** hell
[adj] **broken** kaputt*
[n] **brother** der Bruder (ü)
[adj] **brown** braun
[n] **bunch / bundle / union / federation** das Bund (-e)
·[n] **alliance / coalition / confederacy** das Bündnis (-se)
[n] **bus** der Bus (-se)
[n] **business / store / shop** das Geschäft (-e)
[adv] **by no means / not at all** keineswegs
[adv] **by the way** übrigens
[n] **cafeteria (university)** die Mensa (-s)*
[n] **calm / quiet / peace** die Ruhe
·[adj] **calm / quiet / peaceful** ruhig
[n] **camp / warehouse / stock** das Lager (ä, -er)
[n] **candidate / nominee** der Kandidat (-en) / die Kandidatin (-nen)
[n] **capital / asset / resource** das Kapital (-ien)
·[n] **capitalism** Kapitalismus
·[adj] **capitalistic** kapitalistisch
[n] **capital city** die Hauptstadt (ä, -e)
[n] **car / vehicle** das Auto (-s)
[n] **card / ticket / map** die Karte (-n)
[n] **cart / carriage / car** der Wagen
[n] **case / event / fall / circumstance** der Fall (ä, -e)
[n] **castle / palace** das Schloss (ö, -er)
[n] **cat** die Katze (-n)
[n] **category / class** die Kategorie (-n)
[n] **cathedral / dome** der Dom (-e)*
[adj] **catholic** katholisch
[n] **cause / reason / occasion** der Anlass (ä, -e)
[n] **cause / reason / source** die Ursache (-n)
[n] **cell / booth / cubicle** die Zelle (-n)
[n] **cell phone** das Handy (-s)*
[n] **center / middle** das Zentrum (Zentren)
·[adj] **central** zentral
[n] **center / focus / midpoint** der Mittelpunkt (-e)
[n] **century** das Jahrhundert (-e)
[adj] **certain / sure** gewiss
[n] **chair / seat / stool** der Stuhl (ü, -e)*
[n] **chairman / chairwoman / leader / president** der Vorsitzende (-n) / die Vorsitzende (-n)
[n] **chance / opportunity** die Chance (-n)
[n] **Chancellor** der Bundeskanzler / die Bundeskanzlerin (-nen)*
[n] **chaos / mess** das Chaos*
[n] **chapter / section** das Kapitel
[n] **character / nature / personality** der Charakter (-e)
[adj] **cheap / inexpensive / reasonable** billig
[n] **child** das Kind (-er)
[adj] **christian** christlich
[n] **church** die Kirche (-n)
[n] **circle / ring** der Kreis (-e)
[n] **citizen / person** der Bürger / die Bürgerin (-nen)

- [adj] civic bürgerlich
- [n] city / town die Stadt (ä, -e)
- [n] city hall das Rathaus (ä, -e)*
- [n] claim / right / entitlement der Anspruch (ü, -e)
- [n] class / category / grade die Klasse (-n)
- [adj] classic / classical klassisch
- [adj] clean / pure rein
- [adj] clear / obvious deutlich
- [adj] clear / understandable klar
- [adj] clearly / definitely / unambiguously eindeutig
- [n] clock / watch / o'clock die Uhr (-en)
- [adj] cloudy / overcast bewölkt*
- [n] coffee der Kaffee (-s)*
- [n] coincidence / chance / accident der Zufall (ä, -e)
- [adj] coincidental / random / accidental zufällig
- [n] co-worker / employee / colleague der Mitarbeiter / die Mitarbeiterin (-nen)
- [adj] cold kalt
- [n] collaboration / cooperation die Zusammenarbeit (-en)
- [n] colleague / associate der Kollege (-n) / die Kollegin (-nen)
- [n] college / university / higher education die Hochschule (-n)
- [n] college student / undergraduate der Student (-en) die Studentin (-nen)
- [n] color die Farbe (-n)
- [n] commission / committee die Kommission (Kommissionen)
- [adj] common / usual / customary üblich
- [n] communication die Kommunikation (-en)
- [n] communism der Kommunismus
- [adj] communist / communistic kommunistisch
- [n] community / collective die Gemeinschaft (-en)
- [adj] together / shared / joint gemeinsam
- [n] competence / qualification / expertise die Kompetenz (-en)
- [n] competition / contest der Wettbewerb (-e)
- [n] competitor / competition / rivalry die Konkurrenz
- [adj] complete / entire komplett
- [adj] complex komplex
- [n] component / ingredient / part der Bestandteil (-e)
- [n] computer der Computer
- [n] concept das Konzept (-e)
- [n] concert das Konzert (-e)
- [adj] concrete / tangible konkret
- [n] conference / meeting die Konferenz (-en)
- [n] conflict der Konflikt (-e)
- [n] confrontation / dispute / debate die Auseinandersetzung (-en)
- [n] consequence die Konsequenz (-en)
- [adj] consistent konsequent
- [adj] constant / continuous ständig
- [n] consumption der Konsum*
- [n] contact / touch der Kontakt (-e)
- [n] content / topic / matter der Inhalt (-e)
- [n] context / connection / relationship der Zusammenhang (ä, -e)
- [n] context der Kontext (-e)
- [n] contract / agreement der Vertrag (ä, -e)
- [n] contrast / opposition der Gegensatz (ä, -e)
- [n] cooperation die Kooperation (-en)
- [n] core / center / nucleus der Kern (-e)
- [n] corner das Ecke (-n)
- [adj] correct / right richtig
- [adj] correct / proper korrekt
- [n] count / earl der Graf (-en)
- [n] country / nation / state der Staat (-en)
- [adj] national / public / state-run staatlich
- [n] country / nation / land das Land (ä, -er)
- [n] courage / heart / bravery der Mut
- [adj] courageous / brave mutig
- [n] course / rate / price der Kurs (-e)
- [n] coward der Feigling (-e)*
- [adj] crazy verrückt*
- [n] crime das Verbrechen
- [n] crisis die Krise (-n)
- [n] criteria das Kriterium (Kriterien)
- [adj] crooked / lopsided schief*
- [n] cross das Kreuz (-e)
- [n] crossing / passage / transition der Übergang (ä, -e)
- [adj] crowded / overfilled überfüllt*
- [n] culture / civilization die Kultur (-en)
- [adj] cultural kulturell
- [adj] current / up to date aktuell
- [adv] currently / at the moment momentan
- [adv] currently / presently derzeit
- [n] customer / client der Kunde (-n) / die Kundin (-nen)
- [adj] cute / pretty hübsch*
- [adj] dark dunkel
- [n] date das Datum (Daten)
- [n] daughter die Tochter (ö)
- [n] day der Tag (-e)
- [adj] daily täglich
- [n] debate / argument / discussion die Debatte (-n)
- [n] decade das Jahrzehnt (-e)
- [adj] deep tief
- [n] defect / shortage / deficiency der Mangel (ä)
- [n] degree / extent / scale das Ausmaß (-e)
- [n] degree / grade der Grad (-e)
- [n] delay / late arrival die Verspätung (-en)*

- [adj] delicious / tasty lecker*
- [n] demand (economic) die Nachfrage (-n)
- [n] democracy die Demokratie
- [adj] democratic demokratisch
- [adj] depressing deprimierend*
- [n] designer der Designer / die Designerin (-nen)*
- [n] desire / need / requirement das Bedürfnis (-se)
- [n] desire die Lust (ü, -e)
- [n] desk der Schreibtisch (-e)*
- [n] detail das Detail (-s)
- [n] device das Gerät (-e)
- [adj] different / various / diverse verschieden
- [n] difficulty / challenge die Schwierigkeit (-en)
- [adj] direct / directly / straight direkt
- [n] direction / trend die Richtung (-en)
- [adj] directly / immediately unmittelbar
- [n] director (film / theater) der Regisseur (-e) / die Regisseurin (-nen)*
- [n] disadvantage / drawback der Nachteil (-e)
- [n] disaster / catastrophe die Katastrophe (-n)*
- [n] dish (food) / court (law) das Gericht (-e)
- [n] dishes / tableware das Geschirr (-e)*
- [n] distance / route / track die Strecke (-n)
- [n] district / area / borough der Bezirk (-e)*
- [adj] diverse / varied vielfältig
- [adj] diverse / various divers
- [n] doctor / physician der Arzt (ä, -e) / die Ärztin (-nen)
- [n] document das Dokument (-e)
- [n] dog der Hund (-e)
- [n] donation / trust / endowment die Stiftung (-en)
- [n] door die Tür (-en)
- [adj] double / dual doppel
- [n] dress / clothing das Kleid (-er)*
- [n] drug die Droge (-n)
- [adj] drunk / intoxicated betrunken*
- [adj] dumb dumm
- [n] duty / obligation / responsibility die Pflicht (-en)
- [adj] each other / mutual / reciprocal gegenseitig
- [n] ear das Ohr (-en)
- [adj] early früh
- [n] earth / ground / soil die Erde
- [n] east der Osten
- [n] echo der Hall (-e)
- [adj] ecological / environmental ökologisch
- [n] economy die Wirtschaft (-en)
- [adj] economic wirtschaftlich
- [n] edge / border / rim der Rand (ä, -er)
- [n] effect / impact der Effekt (-e)
- [adj] effective / actual / in real terms effektiv
- [n] electricity / power / current der Strom (ö, -e)
- [adj] electronic elektronisch
- [n] element / item / unit das Element (-e)
- [n] elevator / lift der Aufzug (ü, -e)*
- [n] embassy / message die Botschaft (-en)
- [n] emperor / empress der Kaiser / die Kaiserin (-nen)
- [n] emphasis / focus / center of gravity der Schwerpunkt (-e)
- [n] employee (der / die) Angestellte (-n)
- [adj] empty / blank leer
- [n] enemy / foe der Feind (-e) / die Feindin (-nen)
- [n] energy / power / force die Energie (-n)
- [n] engineer der Ingenieur (-e) / die Ingenieurin (-nen)*
- [adj] enormous / huge enorm
- [adv] en route / on the way unterwegs
- [n] environment die Umwelt
- [n] environment / surroundings / neighborhood die Umgebung (-en)
- [n] environment / surroundings / sphere das Umfeld (-er)
- [n] episode / result / sequence / consequence die Folge (-n)
- [adj] equal / same gleich
- [adv] especially / particularly besonders
- [n] essence / nature / being das Wesen
- [adj] essential / fundamental wesentlich
- [n] eternity die Ewigkeit
- [adj] eternal / forever ewig
- [adv] even / in person selbst
- [adv] even sogar
- [n] event / occasion / instance das Ereignis (-se)
- [n] event / presentation / performance die Veranstaltung (-en)
- [n] everyday life / daily routine der Alltag (-e)
- [adv] everywhere überall
- [adj] evil / bad böse
- [adj] exactly genau
- [adv] just as genauso
- [n] example das Beispiel (-e)
- [n] excuse / apology die Entschuldigung (-en)*
- [n] excuse / plea die Ausrede (-n)*
- [adj] expensive teuer
- [n] expert der Experte (-n) / die Expertin (-nen)
- [n] extent / scope der Umfang (ä, -e)
- [adj] extensive / wide / substantial umfangreich

[adj] **extraordinary / out of the ordinary** außerordentlich
[adj] **extreme / excessive** extrem
[n] **eye** das Auge (-n)
[n] **face** das Gesicht (-er)
[n] **fact / certainty** die Tatsache (-n)
[n] **fact / circumstance** der Umstand (ä, -e)
[n] **factor** der Faktor (-en)
[n] **factory / plant** die Fabrik (-en)*
[n] **fair / exhibition / trade show** die Messe (-n)*
[n] **fall / autumn** der Herbst (-e)
[adj] **false** falsch
[n] **family** die Familie (-n)
[adj] **famous / known / familiar** bekannt
[adj] **famous / renowned** berühmt
[adj] **far / remote** fern
[adj] **far / wide / lone** weit
[adj] **fast / quick** schnell
[adj] **fat** dick
[n] **fate / destiny** das Schicksal (-e)
[n] **father** der Vater (ä)
[adj] **favorable / advantageous / beneficial** günstig
[n] **feature / characteristic / attribute** das Merkmal (-e)
[n] **fear** die Angst (ä, -e)
[n] **federal government** die Bundesregierung (-en)
[n] **federal parliament / the Diet** der Bundestag (-e)
[n] **federal republic** die Bundesrepublik (-en)
[adj] **female / feminine** weiblich
[adj] **few / little / small amount** wenig
[n] **field / area / zone** das Feld (-er)
[n] **figure / character** die Figur (-en)
· [n] **main character** die Hauptfigur (-en)*
[n] **file / data** die Datei (-en)
[n] **film / movie** der Film (-e)
[n] **finger** der Finger
[n] **firm / company** die Firma (Firmen)
[adj] **fine / delicate / nice** fein
[adj] **finished / done / ready** fertig
[n] **fire** das Feuer
[adj] **firm / hard / solid** fest
[n] **fish** der Fisch (-e)
[adv] **first of all / at first** zuerst
[adv] **first of all / to begin with / for starters** zunächst
[n] **fisherman** der Fischer
[n] **floor / ground / soil** der Boden (ö, -en)
[n] **floor (of a building)** der Stock (ö, -e)*
[n] **flower** die Blume (-n)*
[n] **font / script / handwriting** die Schrift (-en)
· [adj] **written / in writing** schriftlich
[n] **foot** der Fuß (ü, -e)
[n] **football / soccer** der Fußball*
[n] **foundation / fundamentals** die Grundlage (-n)
[n] **foreign country / abroad** das Ausland
· [n] **foreigner** der Ausländer / die Ausländerin (-nen)
· [adj] **foreign / alien** ausländisch
[n] **forest / woods** der Wald (ä, -er)
[adv] **for example / for instance** beispielsweise
[n] **forge / hearth / chimney** die Esse (-n)
[n] **form / shape** die Form (-en)
[adj] **former / previous** ehemalig
[n] **fortune teller** der Wahrsager / die Wahrsagerin (-nen)*
[n] **forum** das Forum (Foren)
[n] **frame / framework** der Rahmen
[n] **freedom / liberty** die Freiheit
· [adj] **free** frei
[adj] **free (money)** kostenlos
[adj] **fresh / new** frisch
[n] **friend / boyfriend / girlfriend** der Freund (-e) / die Freundin (-nen)
· [adj] **friendly / kind** freundlich
[adj] **full / complete / thorough** vollständig
[adj] **full / whole / complete** voll
· [adv] **completely / totally / fully** völlig
[adj] **fundamental / basic / primary** grundlegend
[n] **fun** der Spaß (ä, -e)
[adj] **funny** lustig
[n] **furniture** die Möbel*
[adj] **further / more / onward** weiter
[adv] **furthermore / on top of that // into the future** weiterhin
[n] **future** die Zukunft
· [adj] **future / prospective** zukünftig / künftig
[n] **garbage / trash** der Müll*
[n] **garden / yard** der Garten (ä)
[n] **gas (matter)** das Gas (-e)*
[n] **gate / gateway** das Tor (-e)
[n] **gender / sex** das Geschlecht (-er)

[n] **general (military)** der General (ä, -e)
[adj] **general / common / universal** allgemein
[adj] **generally** generell
[n] **generation** die Generation (-en)
[n] **genius** das Genie (-s)*
[adj] **gentle / soft / quiet** leise*
[n] **German Democratic Republic (GDR)** Deutsche Demokratische Republik (DDR)*
[n] **ghost** der Geist (-er)
[n] **girl / young woman** das Mädchen
[adj] **glad / happy / pleased** froh
[n] **glass** das Glas (ä, -er)
[n] **globalization** die Globalisierung (-en)
[n] **goal / aim / target** das Ziel (-e)
[n] **God** der Gott (ö, -e)
[adv] **gone / past / over** vorbei
[adj] **good** gut
[adj] **gradual** allmählich
[adj] **grammatical** grammatikalisch*
[adj] **gray** grau
[adj] **great / amazing / wonderful** toll
[adj] **green** grün
[n] **group / category** die Gruppe (-n)
[n] **guarantee / warranty** die Garantie (-n)*
[n] **guest / visitor** der Gast (ä, -e)
[n] **guideline / directive** die Richtlinie (-n)
[n] **hair** das Haar (-e)
[n] **hairstyle / hairdresser** die Frisur (-en)*
[adj] **half** halb
[n] **hand** die Hand (ä, -e)
[n] **handling / dealings / contact** der Umgang
[adj] **hard / difficult / challenging** schwierig
[adj] **hard / difficult / severe** schwer
[adj] **hard / stiff** hart
[adv] **hardly / rarely** kaum
[n] **head** der Kopf (ö, -e)
[n] **health** die Gesundheit
· [adj] **healthy** gesund
[n] **heart** das Herz (-en)
· [adj] **heartfelt / sincere** herzlich
[n] **height / amount** die Höhe (-n)
· [adj] **high** hoch
[adj] **helpful / useful** hilfreich
[adv] **here** hier
[n] **hero / heroine** der Held (-en) / die Heldin (-nen)
[adj] **historic** historisch
[n] **history / story** die Geschichte (-n)
[n] **hobby** das Hobby (-s)*
[n] **holiday** der Feiertag (-e)*
[n] **home / homeland** die Heimat (-en)
[adj] **honest / sincere** ehrlich
[n] **honor / privilege / glory** die Ehre (-n)
[n] **horse** das Pferd (-e)
[n] **hospital** das Krankenhaus (ä, -er)
[n] **hotel** das Hotel (-s)
[adj] **hot** heiß
[n] **hour / period** die Stunde (-n)
[n] **house / home** das Haus (ä, -er)
[n] **household** der Haushalt (-e)
[adj] **huge / massive** riesig
[n] **human / person** der Mensch (-en)
· [n] **mankind / humanity** die Menschheit
· [adj] **human / humanly** menschlich
[n] **human rights** das Menschenrecht (-e)
[n] **icy conditions** die Eisglätte*
[n] **idea / thought / concept** die Idee (-n)
[n] **identity** die Identität (-en)
[adv] **immediately / instantly / at once** sofort
[adj] **important** wichtig
[adj] **impossible** unmöglich
[n] **impression / feeling / stamp** der Eindruck (ü, -e)
[n] **income / earnings / salary** das Einkommen
[adv] **indeed / certainly** allerdings
[adj] **independent / autonomous** unabhängig
[adj] **independent / self-sufficient** selbständig
[n] **individual / person** das Individuum (Individuen)
· [adj] **individual** individuell
[n] **industry** die Industrie (-n)
[n] **industry / sector / department** die Branche (-n)
[n] **information / information desk** die Auskunft (ü, -e)
[adj] **inside / interior** innen*
[adv] **in no way / none whatsoever** keinerlei
[adv] **in particular / particularly** insbesondere
[n] **insider** der Insider*
[n] **institute / institution** das Institut (-e)
[n] **instrument / tool** das Instrument (-e)
[n] **integration / incorporation** die Integration (-en)
[adj] **intensive / intense** intensiv
[n] **intent / purpose / aim** die Absicht (-en)
[adj] **international** international
[n] **internet** das Internet
[n] **interpretation** die Interpretation (-en)
[n] **interview** das Interview (-s)

- [n] **investment** die Investition (-en) / das Investment (-s)
- [n] **island** die Insel (-n)
- [n] **janitor / custodian** der Hausmeister / die Hausmeisterin (-nen)*
- [n] **Jewish person** der Jude (-n) / die Jüdin (-nen)
- [adj] **Jewish** jüdisch
- [n] **job / occupation / profession** der Beruf (-e)
- [adj] **professional / occupational / vocational** beruflich
- [n] **job** der Job (-s)
- [v] **to joke / to jest** scherzen*
- [n] **joke** der Scherz (-e)*
- [n] **journalist** der Journalist (-en) / die Journalistin (-nen)
- [n] **judgment / verdict / opinion** das Urteil (-e)
- [n] **juror** (der / die) Geschworene (-n)*
- [n] **justice / fairness** die Gerechtigkeit (-en)
- [adj] **just / fair** gerecht
- [n] **key** der Schlüssel
- [n] **kilometer** der Kilometer
- [n] **kind / sort / type** die Art (-en)
- [n] **king / queen** der König (-e) / die Königin (-nen)
- [n] **kingdom / empire** das Reich (-e)
- [n] **kitchen** die Küche (-n)
- [n] **labor union / trade union** die Gewerkschaft (-en)
- [adj] **union / unionized** gewerkschaftlich*
- [n] **lady** die Dame (-n)
- [n] **landmark / sightseeing place** die Sehenswürdigkeit (-en)*
- [n] **landscape / scenery** die Landschaft (-en)
- [adj] **last / final** letzt
- [adj] **ultimately** letztlich
- [adv] **last of all** zuletzt
- [adj] **late** spät
- [n] **law / right** das Recht
- [adj] **legal / related to law** rechtlich
- [n] **law** das Gesetz (-e)
- [adj] **lawful / legal** gesetzlich
- [n] **lawsuit / legal action** die Klage (-n)
- [n] **layer / plain (land) / plane (math)** die Ebene (-n)
- [adj] **level / flat / even** eben
- [n] **leader / ringleader** der Anführer / die Anführerin (-nen)*
- [n] **lecture / talk** der Vortrag (ä, -e)
- [n] **lecture / university lecture** die Vorlesung (-en)*
- [adj] **left / remaining** übrig
- [adv] **left** links
- [n] **leg** das Bein (-e)
- [n] **letter (mail)** der Brief (-e)
- [n] **level / standard** das Niveau (Niveaus)
- [n] **library** die Bibliothek (-en)
- [n] **light / candle** das Licht (-er)
- [n] **liar** der Lügner / die Lügnerin (-nen)*
- [n] **line / row (of objects)** die Reihe (-n)
- [n] **line (drawn / route)** die Linie (-n)
- [n] **line / row / column** die Zeile (-n)
- [n] **list** die Liste (-n)
- [n] **literature** die Literatur (-en)
- [n] **living room** das Wohnzimmer*
- [n] **local community / municipality** die Gemeinde (-n)
- [n] **location / site** der Standort (-e)
- [n] **logic** die Logik
- [adj] **logical** logisch
- [adj] **long** lang
- [adj] **long term / long run / long range** langfristig
- [adj] **loud / noisy** laut
- [adj] **low / small** gering
- [adj] **low** niedrig
- [n] **happiness / luck / fortune** das Glück
- [adj] **happy / lucky / fortunate** glücklich
- [n] **luggage / baggage** das Gepäck*
- [n] **lunch** das Mittagessen*
- [n] **lung** die Lunge (-n)*
- [n] **magazine / journal** die Zeitschrift (-en)
- [adj] **main / primary** hauptsächlich
- [n] **majority** die Mehrheit
- [n] **man / husband** der Mann (ä, -er)
- [adj] **male / masculine** männlich
- [n] **machine / engine / equipment** die Maschine (-n)
- [n] **marketing** das Marketing*
- [n] **mass / bulk / mixture** die Masse (-n)
- [adj] **massive / solid** massiv
- [n] **master / champion** der Meister / die Meisterin (-nen)*
- [n] **material / fabric / substance** der Stoff (-e)
- [n] **material / substance** das Material (-ien)
- [adj] **material / tangible / physical** materiell
- [n] **matter / affair / issue** die Angelegenheit (-en)
- [adv] **maybe / perhaps** vielleicht
- [n] **mayor** der Bürgermeister
- [adj] **meaningful / rational** sinnvoll
- [n] **means / funds / resources / remedy** das Mittel
- [adv] **meanwhile / in the meantime** inzwischen
- [adv] **meanwhile / in the meantime** mittlerweile
- [n] **measure / action / step** die Maßnahme (-n)
- [n] **meat / flesh** das Fleisch*
- [n] **medication / drug** das Medikament (-e)
- [n] **medicine** die Medizin (-en)
- [adj] **medicinal** medizinisch
- [n] **member / insider** das Mitglied (-er)
- [n] **member state** der Mitgliedstaat (-en)
- [n] **memorial / monument** das Denkmal (ä, -er)*
- [adj] **mental / spiritual / intellectual** geistig
- [adv] **merely / just / only** bloß
- [adj] **merely / simply / only** lediglich
- [n] **metaphor** die Metapher (-n)*
- [n] **meter** der Meter
- [n] **method / technique** die Methode (-n)
- [n] **middle / center** die Mitte (-n)
- [n] **military / armed forces** das Militär
- [adj] **military** militärisch
- [n] **million** die Million (-en)
- [n] **minority** die Minderheit (-en)
- [n] **minute** die Minute (-n)
- [n] **mirror** der Spiegel
- [n] **mister / sir / gentleman** der Herr (-en)
- [n] **model** das Modell (-e)
- [adj] **modern / fashionable** modern
- [n] **moment / instant** der Augenblick (-e)
- [n] **moment / point in time** der Zeitpunkt (-e)
- [n] **moment** der Moment (-e)
- [n] **money** das Geld
- [n] **month** der Monat (-e)
- [n] **mood / atmosphere** die Stimmung (-en)
- [adj] **morally / ethically** moralisch
- [n] **morning** der Morgen
- [n] **mother** die Mutter (ü)
- [n] **motive / reason / motif** das Motiv (-e)
- [n] **mountain / hill** der Berg (-e)
- [n] **mouth** der Mund (ü, -er)
- [adj] **most** meist
- [adv] **mostly / usually** meistens
- [n] **movie theater / cinema** das Kino (-s)
- [n] **murder / homicide** der Mord (-e)
- [n] **murderer** der Mörder / die Mörderin (-nen)*
- [n] **museum** das Museum (Museen)
- [n] **music** die Musik
- [n] **musician** der Musiker / die Musikerin (-nen)
- [adj] **musical** musikalisch
- [n] **name** der Name (-n)
- [adj] **namely** nämlich
- [adj] **narrow / tight / cramped** eng
- [n] **nation** die Nation (-en)
- [n] **nationality** die Nationalität (-en)*
- [adj] **national** national
- [n] **native speaker** der Muttersprachler / die Muttersprachlerin (-nen)*
- [n] **nature / countryside** die Natur (-en)
- [adj] **natural / of course / naturally** natürlich
- [adj] **neat / orderly / proper** ordentlich
- [n] **necessity / need** die Notwendigkeit (-en)
- [adj] **necessary / required / essential** notwendig
- [adj] **necessary / needed** nötig
- [n] **need / distress / hardship** die Not (ö, -e)
- [adj] **negative** negativ
- [n] **neighbor** der Nachbar (-n) / die Nachbarin (-nen)
- [n] **neighborhood** die Nachbarschaft (-en)*
- [n] **network / electrical grid** das Netz (-e) / das Netzwerk (-e)
- [adv] **never / no way** niemals
- [adv] **never** nie
- [adj] **new** neu
- [n] **news / message / information** die Nachricht (-en)
- [n] **newspaper** die Zeitung (-en)
- [adj] **nice / kind** nett
- [n] **night / evening** der Abend (-e)
- [n] **night** die Nacht (ä, -e)
- [n] **nobility / nobles** der Adel*
- [adj] **no matter / all the same** egal
- [n] **nominative case** der Nominativ (-e)*
- [n] **no one / nobody** niemand
- [n] **norm / standard** die Norm (-en)
- [adj] **normal / common** normal
- [adv] **normally / usually / typically** normalerweise
- [n] **north** der Norden
- [n] **nose** die Nase (-n)
- [n] **novel** der Roman (-e)
- [adv] **now / well...** nun
- [adv] **now** jetzt
- [n] **nudity** die Nacktheit*
- [adj] **naked / nude** nackt*
- [n] **number** die Nummer (-n)
- [n] **object / item** das Objekt (-e)
- [n] **object / subject / topic** der Gegenstand (ä, -e)
- [adj] **objective / impartial** objektiv
- [adj] **obviously / clearly** offensichtlich
- [n] **ocean / sea** das Meer (-e)
- [adj] **of course / certainly / indeed** freilich
- [adj] **of course / self-evident / understood** selbstverständlich
- [n] **office / bureau** das Büro (-s)
- [adj] **official / officially** offiziell
- [adj] **often / frequently** häufig

[adv] **often** oft
[adj] **old** alt
[adv] **once** einmal
[adv] **only / just** nur
[adj] **only / solely** einzig
[adv] **on one hand** einerseits
[adj] **open / openly** offen
[n] **opinion / view** die Ansicht (-en)
[n] **opponent / adversary** der Gegner / die Gegnerin (-nen)
[n] **opportunity / occasion / chance** die Gelegenheit (-en)
[n] **opposite / inverse** das Gegenteil (-e)
[n] **opposition** die Opposition
[adj] **optimal / ideal** optimal
[n] **option / possibility** die Option (-en)*
[adj] **orange** orange
[adj] **originally / initially** ursprünglich
[adj] **otherwise / else** sonst
·[adj] **other / miscellaneous** sonstig
·[adv] **otherwise / apart from** ansonsten
[adv] **otherwise / on the other hand** andererseits
[adv] **outside / external** außen
[adv] **outside** draußen
[adv] **overall / all together** insgesamt
[adj] **own / inherent / intrinsic** eigen
[n] **page / side** die Seite (-n)
[n] **pair / couple** das Paar (-e)
[adj] **pale / faint** blass*
[n] **pan / frying pan** die Pfanne (-n)*
[n] **paper** das Papier (-e)
[n] **paragraph** der Absatz (ä, -e)
[n] **parents** die Eltern
[n] **park** der Park (-s)*
[n] **parliament** das Parlament (-e)
[adj] **partial / in parts** teilweise
[n] **partner** der Partner / die Partnerin (-nen)
[n] **party / group** die Partei (-en)
[n] **part-time** die Teilzeit (-en)*
[n] **passage / corridor / hallway** der Gang (ä, -e)
[n] **patient / sick person** der Patient (-en) / die Patientin (-nen)
[n] **pause / break** die Pause (-n)
[n] **peace** der Frieden
·[adj] **peaceful** friedlich
[n] **people / folk / populace** das Volk (ö, -er)
[n] **people / folk** die Leute
[n] **percent / percentage** das Prozent (-e)
[adj] **perfect / complete** perfekt
[adj] **perfect / ideal / complete** vollkommen
[n] **period / era** der Zeitraum (ä, -e)
[adv] **per** pro
[n] **person / individual** die Person (-en)
·[n] **personality / identity** die Persönlichkeit (-en)
·[adj] **personal / individual** persönlich
[n] **perspective / point of view** die Perspektive (-n)
[n] **phase / stage** die Phase (-n)
[n] **phenomenon** das Phänomen (-e)
[n] **philosophy** die Philosophie (-n)
[n] **piece / slice / play (theater)** das Stück (-e)
[n] **pile / heap** der Haufen*
[adj] **pink** rosa
[n] **place / location** der Ort (-e)
[n] **place / space / location** der Platz (ä, -e)
[n] **planet** der Planet (-en)
[adj] **pleasant / enjoyable / comfortable** angenehm
[n] **plug / power outlet** die Steckdose (-n)*
[n] **poem** das Gedicht (-e)
[n] **point / spot / dot** der Punkt (-e)
[n] **police** die Polizei
·[n] **police officer** der Polizist (-en) / die Polizistin (-nen)
·[n] **politics** die Politik
·[n] **politician** der Politiker / die Politikerin (-nen)
·[adj] **political** politisch
[n] **pope** der Papst (ä, -e)
[n] **population / people** die Bevölkerung (-en)
[n] **position** die Position (-en)
[n] **position / situation / location** die Lage (-n)
[adj] **positive** positiv
[n] **possibility** die Möglichkeit (-en)
·[adj] **possible** möglich
·[adv] **possibly / potentially** möglicherweise
[adj] **possible / eventual / tentative** eventuell
[n] **post office / mail** die Post
[n] **poverty** die Armut
·[adj] **poor (money)** arm
[n] **power / force** die Macht (ä, -e)
·[adj] **powerful / forceful** mächtig
[adj] **practical / convenient** praktisch
[n] **practice / experience** die Praxis (Praxen)
[n] **present / now** die Gegenwart
·[adj] **presently / currently** gegenwärtig
[n] **president** der Präsident (-en) / die Präsidentin (-nen)
[adj] **previous** bisherig
[adv] **previously / beforehand** vorher

[n] **previous year** das Vorjahr (-e)
[n] **price / fee / award / prize** der Preis (-e)
[n] **prime minister** der Ministerpräsident (-en) / die Ministerpräsidentin (-nen)*
[n] **prince / princess** der Fürst (-en) / die Fürstin (-nen)*
[n] **principal / maxim / policy** der Grundsatz (ä, -e)
·[adj] **basically / principally** grundsätzlich
[n] **principal** das Prinzip (-ien)
·[adj] **in principal / as a matter of principal** prinzipiell*
[adj] **private / personal** privat
[adj] **probably / likely** wahrscheinlich
[n] **problem / issue** das Problem (-e)
[n] **procedure / method / process** das Verfahren
[n] **process / procedure / sequence** der Vorgang (ä, -e)
[n] **process / trial** der Prozess (-e)
[n] **product / good / ware** die Ware (-n)
[n] **product / produce** das Produkt (-e)
[n] **production / yield / output** die Produktion (-en)
[adj] **productivity** die Produktivität*
[adj] **professional** professionell
[n] **professor** der Professor (-en) / die Professorin (-nen)
[n] **profile** das Profil (-e)*
[n] **program** das Programm (-e)
[n] **progress / advancement** der Fortschritt (-e)
[n] **project / venture** das Projekt (-e)
[n] **property / ownership / possession** das Eigentum (-e)
[n] **property / feature / characteristic** die Eigenschaft (-en)
[n] **protest** der Protest (-e)
[adj] **protestant** protestantisch*
[adj] **proud** stolz
[adj] **psychic / mental** psychisch
·[adj] **psychological** psychologisch
[adj] **purple** lila
[n] **purpose / end / aim** der Zweck (-e)
[n] **quality / grade** die Qualität (-en)
[n] **quantity / amount** die Menge (-n)
[adj] **quiet / silent** still
[adj] **quite / rather / fairly** ziemlich
[adj] **radical / extreme** radikal
[adj] **rapid / quick / swift** rasch
[adv] **rarely / seldom** selten
[adj] **raw / rough** roh*
[n] **reaction / response** die Reaktion (-en)
[adj] **real / genuine / true** echt
[n] **reality / actuality** die Wirklichkeit (-en)
·[adj] **really / actually** wirklich
[n] **reality** die Realität (-en)
[n] **reason / cause** der Grund (ü, -e)
[adj] **reasonable / sensible** vernünftig
[adj] **recently / lately** kürzlich
[adj] **red** rot
[n] **reference / cover / acquisition** der Bezug (ü, -e)
[n] **reform** die Reform (-en)
[n] **refugee / fugitive** der Flüchtling (-e)
[n] **region** die Region (-en)
[n] **regulation / rule / provision** die Vorschrift (-en)
[n] **Reichstag** der Reichstag*
[n] **relative / family member** (der / die) Angehörige (-n)
[adj] **relative** relativ
[n] **religion** die Religion (-en)
[adj] **religious** religiös
[adj] **reportedly / supposedly / allegedly** angeblich
[n] **representative / delegate / lawmaker** (der / die) Abgeordnete (-n)
[n] **republic** die Republik (-en)
[n] **requirement / need / demand** der Bedarf (-e)
[n] **requirement / prerequisite / condition** die Voraussetzung (-en)
[n] **resistance / opposition** der Widerstand (ä, -e)
[n] **resource** die Ressource (-n)
[n] **respect / regard / aspect** die Hinsicht (-en)
[adj] **respective** jeweilig
[adj] **responsible / competent** zuständig
[n] **rest / remainder** der Rest (-e)
[n] **result / outcome** das Resultat (-e)
[adj] **reverse / inverse / vice versa** umgekehrt
[adj] **revolutionary** revolutionär
[n] **revolution** die Revolution (-en)
[n] **rice** der Reis
[adj] **rich / wealthy** reich
[adv] **right** recht
[n] **ring** der Ring (-e)
[n] **risk / hazard** das Risiko (Risiken)
[n] **road / path / way** der Weg (-e)
·[adj] **far / distant / away** weg
[n] **role** die Rolle (-n)
[n] **role model / example / standard** das Vorbild (-er)
[n] **room / space** der Raum (ä, -e)
[n] **room** das Zimmer
[n] **roommate / flatmate** der Mitbewohner / die Mitbewohnerin (-nen)*
[n] **rotisserie** der Drehspieß (-e)*
[adj] **round** rund
[adj] **sad / unhappy** traurig
[n] **saint** (der / die) Heilige (-n)
·[adj] **holy / sacred** heilig

[n] sales / revenue der Umsatz (ä, -e)
[n] sales campaign / promotion die Werbeaktion (-en)*
[adj] satisfied / happy zufrieden
[n] sauce die Soße (-n)*
[n] savings / life savings die Ersparnisse*
[adj] scarce / short supply knapp
[n] scene die Szene (-n)
[n] school die Schule (-n)
[n] sea / lake / ocean die See
[n] season die Saison (-en / -s)
[n] second (time) die Sekunde (-n)
[n] secret / mystery das Geheimnis (-se)
[n] seminar das Seminar (-e)
[n] sense / meaning / feeling der Sinn
[n] sentence der Satz (ä, -e)
[n] series / serial / set die Serie (-n)
[n] seriousness / severity der Ernst
·[adj] serious / earnest / severe ernst
·[adv] seriously / earnestly ernsthaft
[n] shadow / shade der Schatten
[n] share / portion / percentage der Anteil (-e)
[adj] sharp / strong / spicy scharf
[n] sheet / leaf / page (paper) das Blatt (ä, -er)
[n] ship / boat das Schiff (-e)
[n] shirt das Hemd (-en)*
[n] shop / store der Laden (ä)*
[adj] short / brief kurz
[n] signal das Signal (-e)
[adj] simple / plain schlicht
[n] sickness / illness die Krankheit (-en)
·[n] disease / chronic illness die Erkrankung (-en)
·[adj] sick krank
[n] sign / label das Schild (-er)*
[n] sign / mark / character das Zeichen
[adv] similarly / as well / likewise ebenso
[adj] similar ähnlich
[adj] simple / easy einfach
[adj] simultaneously / at the same time gleichzeitig
[adj] single / individual einzeln
[n] sister die Schwester (-n)
[n] situation / position die Situation (-en)
[n] size / magnitude die Größe (-n)
·[adj] big / large groß
[n] skin die Haut (ä, -e)
[n] sky / heaven der Himmel
[adj] slow / slowly langsam
[adj] small klein
[n] smile das Lächeln*
[adj] so-called sogenannt
[adj] social sozial
·[adj] socialist sozialistisch
[n] society die Gesellschaft (-en)
·[adj] societal gesellschaftlich
[n] sofa / couch das Sofa (-s)*
[adv] so far / up until now bisher
[n] soldier der Soldat (-en) / die Soldatin (-nen)
[adj] sold out ausverkauft*
[adv] somehow irgendwie
[n] someone / anyone jemand
[n] something etwas
[adv] sometime / someday irgendwann
[adv] sometimes manchmal
[adv] somewhere irgendwo
[n] son der Sohn (ö, -e)
[n] song das Lied (-er)
[n] sort / kind die Sorte (-n)*
[adj] soon bald
[n] soul / spirit die Seele (-n)
[n] source / spring / well die Quelle (-n)
[n] south der Süden
[adj] special / particular speziell
[adj] specific to / characteristic of spezifisch
[n] speed die Geschwindigkeit (-en)
[n] spelling die Schreibweise (-n)*
[n] sport der Sport (-e)
[n] spring der Frühling (-e)
[adj] stable / firm / solid stabil
[n] staff / employees / personnel das Personal
[n] stage / level / step die Stufe (-n)
[n] stage / platform / theater die Bühne (-n)
[n] stairs / stairway die Treppe (-n)*
[n] standard / norm der Standard (-s)
[n] star der Stern (-e)
[n] state / status der Stand (ä, -e)
[n] status / condition der Zustand (ä, -e)
[n] step / pace / stride der Schritt (-e)
[n] stock / share die Aktie (-n)
[n] stomach / belly der Bauch (ä, -e)*
[n] stone / rock Stein (-e)
[adj] straight / just now gerade
[n] strategy / policy die Strategie (-n)
·[adj] strategic strategisch

[n] street die Straße (-n)
[adj] strange / weird seltsam
[n] stranger / alien / foreigner (der / die) Fremde (-n)
·[adj] foreign / alien fremd
[n] strength / power / force die Kraft (ä, -e)
[adj] strict / harsh / severe streng
[n] structure / configuration / pattern die Struktur (-en)
[n] student / pupil der Schüler / die Schülerin (-nen)
[n] style der Stil (-e)
[n] subject / discipline / compartment das Fach (ä, -er)
·[n] major (school) / main subject das Hauptfach (ä, -er)*
[adj] such / that kind of derartig
[adj] sudden / suddenly plötzlich
[n] sum / total die Summe (-n)
[n] summer der Sommer
[n] sun die Sonne
[n] supermarket der Supermarkt (ä, -e)
[n] suspicion / hunch der Verdacht (-e)
[adj] sustainable / lasting nachhaltig
[n] swimming trunks die Badehose (-n)*
[n] system das System (-e)
·[adj] systematic systematisch
[n] table der Tisch (-e)
[n] table / chart die Tabelle (-n)
[n] talent das Talent (-e)*
[n] tape / band / ribbon das Band (ä, -e)
[adj] targeted / specific gezielt
[n] task / work / assignment die Aufgabe (-n)
[n] tax / duty die Steuer (-n)
[n] team / crew die Mannschaft (-en)
[n] technology / technique / engineering die Technik
[n] technology die Technologie (-n)
·[adj] technical technisch
[n] teenager / adolescent (der / die) Jugendliche
[n] telephone / cell phone das Telefon (-e) / das Handy (-s)
[n] tendency / trend die Tendenz (-en)
[adj] terrible / awful / horrible schrecklich*
[n] terrorist der Terrorist (-en) / die Terroristin (-nen)*
[n] text der Text (-e)
[n] textbook das Lehrbuch (ü, -er)*
[n] theater das Theater
[n] theme / topic / subject das Thema (Themen)
[n] theory die Theorie (-n)
·[adj] theoretical theoretisch
[n] therapy die Therapie (-n)
[adv] there / over there dort
[adv] there / then dahin
[adv] there da
[n] thesis / theory / hypothesis die These (-n)
[n] the whole amount / the lot das Ganze
·[adj] all / whole / complete ganz
[n] thing / matter / case die Sache (-n)
[n] thing / object das Ding (-e)
[adv] this time diesmal
[adj] tight / dense / close dicht
[n] time die Zeit (-en)
·[adj] chronological / temporal zeitlich
[adj] tired müde*
[n] title der Titel
[adv] today heute
·[adj] contemporary heutig
[adv] together / at the same time zugleich
[adv] together / with each other miteinander
[adv] together zusammen
[n] toilet die Toilette (-n)*
[adv] tomorrow morgen
[n] tomcat / hangover der Kater*
[adj] total / overall gesamt
[n] tone / sound der Ton (ö, -e)
[n] tour die Tour (-en)*
[v] to abandon / to let down / to forsake im Stich lassen*
[v] to accept / to approve / to agree akzeptieren
[v] to accept / to assume / to adopt an'nehmen (nimmt an) |nahm an, angenommen|
·[n] acceptance / assumption / adoption die Annahme (-n)
[v] to accompany / to escort begleiten
[v] to create / to accomplish / to make schaffen |schuf / schaffte, geschaffen, geschafft|
·[n] creation / establishment die Schaffung (-en)
[v] to create / to bring into being erschaffen*
[v] to accuse / to blame vor'werfen (wirft vor) |warf vor, vorgeworfen|
·[n] accusation / allegation der Vorwurf (ü, -e)
[v] to achieve / to obtain / to score erzielen
[v] to acquire / to purchase erwerben (erwirbt) |erwarb, erworben|
[v] to act / to take action / to deal in handeln
·[n] act / action / plot (movie) die Handlung (-en)
·[n] trade / commerce / deal der Handel
[v] to add / to cause zu'fügen*
[v] to address / to speak to / to appeal to an'sprechen (spricht an) |sprach an, angesprochen|
[v] to adjust / to adapt / to customize an'passen
[v] to adjust / to set / to hire ein'stellen
·[n] adjustment / setting / attitude die Einstellung (-en)
[v] to advertise / to promote / to recruit werben (wirbt) |warb, geworben|
·[n] advertisement / commercial die Werbung (-en)

[v] **to advise / to counsel** beraten (berät) |beriet, beraten|
·[n] **advice / counsel / guidance** die Beratung (-en)
·[n] **adviser / counselor** der Berater / die Beraterin (-nen)
[v] **to affect / to concern / to apply to** betreffen (betrifft) |betraf, betroffen|
·[n] **person concerned / person affected** der Betroffene / die Betroffene (-nen)
·[adj] **concerned / affected by** betroffen
[v] **to affect / to have an impact** on sich aus'wirken auf
·[n] **effect / impact / consequence** die Auswirkung (-en)
[v] **to allow / to tolerate** zu'lassen (lässt zu) |ließ zu, zugelassen|
·[n] **authorization / approval / license** die Zulassung (-en)
[v] **to allow / to permit** erlauben
·[n] **permission / permit / license** die Erlaubnis (-se)
[v] **to amount to / to add up to** betragen (beträgt) |betrug, betragen|
[v] **to amplify / to strengthen / to reinforce** verstärken
·[n] **amplification / reinforcement** die Verstärkung (-en)
[v] **to announce / to advertise** an'kündigen
[v] **to annoy / to bother / to bug** nerven*
[v] **to answer / to reply to / to respond to** beantworten
[v] **to answer the phone** ans Telefon gehen |ging, gegangen|*
[v] **to appear** erscheinen |erschien, erschienen|
·[n] **appearance / manifestation / phenomenon** die Erscheinung (-en)
[v] **to appear / to emerge / to show up** auf'tauchen*
[v] **to apply / to utilize / to employ** an'wenden |wendete an / wandte an, angewendet / angewandt|
·[n] **application / use / usage** die Anwendung (-en)
[v] **to approach / to draw near** dat. sich nähern*
[v] **to approve / to consent / to agree** zu'stimmen
·[n] **approval / consent / agreement** die Zustimmung (-en)
[v] **to arrange / to coordinate** an'ordnen*
[v] **to arrive / to attain** an'kommen |kam an, angekommen|
·[n] **arrival** das Ankommen
[v] **to ask** about **/ to question** fragen nach
·[n] **question** die Frage (-n)
[v] **to assure / to affirm** versichern
·[n] **assurance / guarantee / insurance** die Versicherung (-en)
[v] **to attach / to suspend / to hang up** an'hängen
·[n] **pendant / tag / trailer** der Anhänger
[v] **to attack / to assault** an'greifen |griff an, angegriffen|
·[n] **attack / assault** der Angriff (-e)
[v] **to avoid** vermeiden |vermied, vermieden|
[v] **to be based** on beruhen auf
[v] **to be busy / to occupy oneself** with sich beschäftigen mit
·[n] **job / occupation** die Beschäftigung (-en)
·[adj] **busy** beschäftigt
[v] **to be called (name)** heißen |hieß, geheißen|
[v] **to become** werden (du wirst, es wird) |wurde, geworden|
[v] **to be enough / to be sufficient** genügen
·[adj] **enough / sufficient** genug
[v] **to begin** beginnen |begann, begonnen|
·[n] **beginning** der Beginn (-e)
[v] **to be happy** about **/ to look forward** to sich freuen über / auf
·[n] **happiness / joy** die Freude
[v] **to behave / to act** sich verhalten
·[n] **behavior / conduct** das Verhalten
·[n] **relationship / ratio / proportion** das Verhältnis (-se)
[v] **to be interested** in sich interessieren für
·[n] **interest** das Interesse (-n)
·[adj] **interesting** interessant
[v] **to believe** in glauben an
·[n] **belief** der Glaube
·[adj] **believable / credible** glaubwürdig
·[adj] **unbelievable** unglaublich
[v] **to be located / to find oneself in a situation** sich befinden |befand, befunden|
[v] **to belong to** dat. gehören
[v] **to be** sein (du bist, es ist) |war, gewesen|
[v] **to be pleasing** gefallen (gefällt) |gefiel, gefallen|
[v] **to be sorry / to feel sorrow** leid'tun |tat leid, leidgetan|*
[v] **to be subject to / to be liable / to succumb** unterliegen (unterliegt) |unterlag, unterlegen|
[v] **to be suitable** for sich eignen für
·[adj] **suitable / appropriate** geeignet
[v] **to be valid** gelten (gilt) |galt, gegolten|
·[n] **validity / value** die Geltung (-en)
[v] **to be worthwhile** sich lohnen
[v] **to blow / to wave** wehen*
[v] **to bomb / to bombard** bombardieren*
[v] **to break / to crack** brechen (bricht) |brach, gebrochen|
[v] **to bring** bringen |brachte, gebracht|
[v] **to bring along** mit'bringen |brachte mit, mitgebracht|*
[v] **to build / to assemble / to construct** auf'bauen
·[n] **building (action) / assembly / construction** der Aufbau (-ten)
[v] **to build / to construct / to make** bauen
·[n] **building** das Gebäude
·[n] **building (action) / construction / structure** der Bau (-ten)
·[n] **farmer / peasant** der Bauer / die Bäuerin (-nen)
[v] **to burden / to strain / to load** belasten
·[n] **burden / strain / load** die Belastung (-en)
[v] **to buy / to purchase** kaufen
·[n] **purchase / acquisition** der Kauf (ä, -e)
[v] **to bypass / to avoid / to get around** um'gehen |ging um, umgangen|
[v] **to calculate / to estimate** rechnen
·[n] **bill / calculation / invoice** die Rechnung (-en)
·[n] **computer / data processor** der Rechner
[v] **to calculate / to estimate / to charge** berechnen*

[v] **to call / to phone** an'rufen |rief an, angerufen|*
[v] **to call out / to shout** rufen |rief, gerufen|
·[n] **call / reputation** der Ruf (-e)
[v] **can** können (kann) |konnte, gekonnt|
[v] **to capture / to record / to gather** erfassen
[v] **to care for / to maintain / to foster** pflegen
·[n] **care / maintenance / fostering** die Pflege
[v] **to carry out / to implement / to take through** durch'führen
·[n] **implementation / enforcement / execution** die Durchführung (-en)
[v] **to catch / to capture / to trap** fangen (fängt) |fing, gefangen|
·[n] **jail / prison** das Gefängnis (-se)
[v] **to cause / to bring about** bewirken
[v] **to cause / to create / to generate** verursachen
[v] **to celebrate** feiern
·[n] **celebration** die Feier (-n)
[v] **to challenge / to dare** heraus'fordern
·[n] **challenge** die Herausforderung (-en)
[v] **to change / to alter / to modify** ändern
·[n] **change / alteration / modification** die Änderung (-en)
·[adj] **different / other** andere
·[adv] **different / else / other** anders
[v] **to change / to convert / to transform** verändern
·[n] **change / conversion / transformation** die Veränderung (-en)
[v] **to change / to switch** wechseln
·[n] **change / transition / alteration** der Wechsel
[v] **to chat / to have a conversation** sich unterhalten (unterhält) |unterhielt, unterhalten|
·[n] **conversation / entertainment** die Unterhaltung (-en)
[v] **to check / to examine / to test** prüfen
·[n] **test / exam** die Prüfung (-en)
[v] **to check / to verify / to review** überprüfen
·[n] **check / verification / inspection** die Überprüfung (-en)
[v] **to chew** kauen*
[v] **to choose / to select** auswählen
·[n] **choice / selection** die Auswahl (-en)
[v] **to claim / to assert / to argue** behaupten
·[n] **claim / statement / assertion** die Behauptung (-en)
[v] **to clarify / to clear up** klären
[v] **to climb / to rise / to increase** an'steigen |stieg an, angestiegen|
[v] **to cut off / to clip / to trim** ab'schneiden |schnitt ab, abgeschnitten|
·[n] **section / segment / chapter** der Abschnitt (-e)
[v] **to close** schließen |schloss, geschlossen|
·[n] **conclusion / end / closure** der Schluss (ü, -e)
·[adj] **finally / eventually / in the end** schließlich
[v] **to collect / to gather** sammeln
·[n] **collection / gathering / library** die Sammlung (-en)
[v] **to come** from **/ to be derived** from **/ to originate** from stammen von
[v] **to come** kommen |kam, gekommen|
[v] **to come to an end / to cease / to finish** enden
·[n] **end / ending / conclusion** das Ende (-n)
·[adj] **final / definitive / definite** endgültig
·[adv] **finally / at last** endlich
[v] **to command / to order** befehlen (befiehlt) |befahl, befohlen|
·[n] **command / order** der Befehl (-e)
[v] **to comment / to leave a comment** kommentieren
·[n] **commentary / comment** der Kommentar (-e)
[v] **to commit / to celebrate** begehen
[v] **to commit oneself** to **/ to pledge oneself** to sich verpflichten zu
·[n] **commitment / obligation** die Verpflichtung (-en)
[v] **to compare** vergleichen |verglich, verglichen|
·[n] **comparison / analogy** der Vergleich (-e)
·[adj] **comparable** vergleichbar
[v] **to complement / to complete / to supplement / to add** ergänzen
[v] **to concern oneself** with **/ to occupy oneself** with sich befassen mit
[v] **to condemn / to denounce / to convict** verurteilen
[v] **to conduct / to guide / to lead** leiten
·[n] **management / guidance / leadership** die Leitung (-en)
·[n] **conductor / manager** der Leiter / die Leiterin (-nen)
[v] **to confess / to profess** bekennen |bekannte, bekannt|
[v] **to confirm / to verify / to acknowledge** bestätigen
·[n] **confirmation / verification / acknowledgment** die Bestätigung (-en)
[v] **to connect / to attach / to plug in** an'schließen |schloss an, angeschlossen|
·[n] **connection / port** der Anschluss (ü, -e)
·[adv] **then / after that / subsequently** anschließend*
[v] **to connect / to link / to tie** verbinden |verband, verbunden|
·[n] **association / federation / bandage** der Verband (ä, -e)
·[n] **connection / compound / link** die Verbindung (-en)
[v] **to concentrate** sich konzentrieren
[v] **to consider / to regard as / to view as** betrachten
·[n] **consideration** die Betrachtung (-en)
[v] **to consider / to take into account** berücksichtigen
[v] **to consider / to think over / to ponder** dat. sich überlegen
·[n] **consideration / deliberation** die Überlegung (-en)
[v] **to construct / to lay out / to invest / to create** an'legen
·[n] **facility / layout / investment / park** die Anlage (-n)
[v] **to contain / to include** enthalten (enthält) |enthielt, enthalten|
[v] **to contradict / to disagree** dat. widersprechen (widerspricht) |widersprach, widersprochen|
·[n] **contradiction / disagreement** der Widerspruch (ü, -e)
[v] **to continue / to resume / to proceed** fort'setzen
[v] **to contribute / to help / to add** bei'tragen (trägt bei) |trug bei, beigetragen|
·[n] **contribution / input / fee** der Beitrag (ä, -e)
[v] **to control / to check / to monitor** kontrollieren
·[n] **control / check / inspection** die Kontrolle (-n)

[v] to convey / to communicate / to give vermitteln
[v] to convince / to persuade überzeugen
·[n] conviction / persuasion die Überzeugung (-en)
[v] to cook / to boil kochen*
[v] to copy / to duplicate kopieren*
[v] to correspond / to conform / to correlate dat. entsprechen (entspricht) |entsprach, entsprochen|
·[n] equivalence / analogy / counterpart die Entsprechung (-en)
[v] to cost / to taste kosten
·[n] cost / expense / tasting die Kosten
[v] to count / to number / to total zählen
·[n] number / digit die Zahl (-en)
·[n] number / quantity / count die Anzahl (-en)
·[adj] numerous zahlreich
[v] to create / to prepare / to compile erstellen
·[n] creation / compilation die Erstellung (-en)
[v] to criticize kritisieren
·[n] criticism die Kritik (-en)
·[adj] critical kritisch
[v] to cross / to cross over überqueren*
[v] to damage / to corrupt / to impair beschädigen*
[v] to damage / to harm / to hurt schaden
·[n] damage / harm der Schaden (ä)
[v] to dance tanzen*
[v] to deal with / to undertake dat. sich vor'nehmen (nimmt vor) |nahm vor, vorgenommen|
[v] to decide / to resolve / to establish beschließen |beschloss, beschlossen|
·[n] decision / resolution / ruling der Beschluß (ü, -e)
[v] to decide / to rule entscheiden |entschied, entschieden|
·[n] decision / ruling die Entscheidung (-en)
[v] to dedicate oneself / to devote oneself dat. sich widmen
[v] to define definieren
[v] to defend / to plead / to maintain verteidigen
·[n] defense / plea die Verteidigung (-e)
[v] to delete / to clear / to erase löschen
[v] to deliver / to provide / to supply liefern
[v] to depend on ab'hängen von |hing ab, abgehangen|
·[adj] dependent / contingent abhängig
[v] to depict / to represent / to copy ab'bilden
·[n] illustration / reproduction / copy die Abbildung (-en)
[v] to describe / to depict beschreiben |beschrieb, beschrieben|
·[n] description / depiction die Beschreibung (-en)
[v] to describe / to indicate / to signify bezeichnen
·[n] designation / description / name die Bezeichnung (-en)
[v] to design / to draft / to draw entwerfen (entwirft) |entwarf, entworfen|
·[n] design / draft / plan der Entwurf (ü, -e)
[v] to desire / to crave / to yearn for verlangen nach
[v] to destroy / to destruct zerstören
·[n] destruction / damage / devastation die Zerstörung (-en)
[v] to determine / to define / to specify bestimmen
·[n] determination / provision / designation die Bestimmung (-en)
·[adj] certainly / definitely / particular bestimmt
[v] to determine / to find / to detect / to realize fest'stellen
[v] to determine / to find out / to ascertain ermitteln
[v] to develop / to evolve / to generate entwickeln
·[n] development / trend / evolution die Entwicklung (-en)
[v] to die of sterben an (stirbt) |starb, gestorben|
[v] to disappear / to vanish verschwinden |verschwand, verschwunden|
[v] to discover / to detect entdecken
·[n] discovery / detection die Entdeckung (-en)
[v] to discuss / to debate diskutieren
·[n] discussion / debate die Diskussion (-en)
[v] to discuss / to talk about / to review besprechen (bespricht) |besprach, besprochen|*
[v] to dismantle / to remove / to expand aus'bauen
·[n] dismantling / removal der Ausbau
[v] to distinguish / to differentiate unterscheiden |unterschied, unterschieden|
·[n] difference der Unterschied (-e)
·[adj] different / varied unterschiedlich
[v] to distribute / to spread / to scatter verteilen
·[n] distribution / allocation / spread die Verteilung (-en)
[v] to disturb / to interfere / to disrupt stören
·[n] disturbance / interference / disruption die Störung (-en)
[v] to dive / to submerge tauchen
[v] to divide / to partition / to separate ab'teilen
·[n] division / section / branch die Abteilung (-en)
[v] to divide up / to split auf'teilen*
[v] to do tun |tat, getan|
·[n] act / deed / action die Tat (-en)
·[n] perpetrator / offender culprit der Täter / die Täterin (-nen)
·[n] activity die Tätigkeit (-en)
·[adj] active tätig
[v] to dominate / to control / to master beherrschen
[v] to doubt / to question dat. zweifeln an
·[n] doubt / question / disbelief der Zweifel
[v] to do without / to renounce / to abstain from verzichten auf
[v] to draw / to sketch zeichnen
·[n] drawing / sketch die Zeichnung (-en)
[v] to dream träumen
·[n] dream der Traum (ä, -e)
[v] to drink trinken |trank, getrunken|
·[n] drink das Getränk (-e)
[v] to drive / to go fahren (fährt) |fuhr, gefahren|
·[n] drive / ride / trip die Fahrt (-en)

[v] to drive / to push / to play sports treiben |trieb, getrieben|
[v] to earn / to deserve / to be worthy of verdienen
[v] to eat essen (isst) |aß, gegessen|
·[n] food das Essen
[v] to edit / to process bearbeiten
[v] to educate / to nurture erziehen |erzog, erzogen|
·[n] education / upbringing die Erziehung (-en)
[v] to emit / to give off / to turn in ab'geben (gibt ab) |gab ab, abgegeben|
[v] to emphasize / to stress betonen
·[n] emphasis / stress die Betonung (-en)
[v] to enable / to facilitate ermöglichen
[v] to encounter / to meet / to confront begegnen
·[n] encounter / meeting die Begegnung (-en)
[v] to end / to finish / to stop beenden
[v] to endanger / to jeopardize gefährden
·[n] danger / risk die Gefahr (-en)
·[adj] dangerous / risky gefährlich
[v] to endeavor / to make an effort / to try sich bemühen
·[n] effort / endeavor die Bemühung (-en)
[v] to enjoy genießen |genoss, genossen|
[v] to enlighten / to educate / to explain auf'klären
·[n] enlightenment / education / explanation die Aufklärung (-en)
[v] to enter / to incur / to die ein'gehen |ging ein, eingegangen|
·[n] entrance / doorway der Eingang (ä, -e)*
[v] to enter / to occur / to join ein'treten in (tritt ein) |trat ein, eingetreten|
[v] to enter / to tread betreten (betritt) |betrat, betreten|
[v] to erect / to set up / to construct errichten
[v] to establish / to found / to set up gründen
·[n] establishment / foundation / formation die Gründung (-en)
·[adj] thorough / rigorous / in-depth gründlich*
[v] to establish / to set / to schedule fest'legen
[v] to estimate / to assess / to guess schätzen
·[n] estimate / assessment die Schätzung (-en)
[v] to evaluate / to assess bewerten
·[n] evaluation / assessment die Bewertung (-en)
[v] to evaluate / to assess / to estimate ein'schätzen
·[n] evaluation / assessment / estimate die Einschätzung (-en)
[v] to examine / to investigate / to study untersuchen
·[n] examination / investigation / study die Untersuchung (-en)
[v] to exchange / to interchange / to swap aus'tauschen
·[n] exchange / replacement der Austausch
[v] to except / to exclude / to exempt aus'nehmen (nimmt aus) |nahm aus, ausgenommen|
·[n] exception / exclusion / exemption die Ausnahme (-n)
[v] to exclude / to eliminate / to suspend aus'schließen |schloss aus, ausgeschlossen|
·[adj] exclusive / sole ausschließlich
[v] to exhibit / to display / to show aus'stellen
·[n] exhibition / display / show die Ausstellung (-en)
[v] to exist / to consist of bestehen aus |bestand, bestanden|
[v] to exist existieren
·[n] existence die Existenz
[v] to expand / to extend / to widen erweitern
·[n] expansion / extension / enlargement die Erweiterung (-en)
[v] to expect / to await / to anticipate erwarten
·[n] expectation / anticipation die Erwartung (-en)
[v] to experience / to live through erleben
·[n] experience / adventure das Erlebnis (-se)
[v] to expire / to flow out / to proceed ab'laufen (läuft ab) |lief ab, abgelaufen|
·[n] expiry / cycle / sequence der Ablauf (ä, -e)
[v] to explain / to clarify erklären
·[n] explanation / clarification die Erklärung (-en)
[v] to explain / to exemplify / to illustrate erläutern
·[n] explanation / illustration die Erläuterung (-en)
[v] to expose / to suspend aus'setzen
[v] to express / to comment äußern
·[n] expression / statement / comment die Äußerung (-en)
[v] to express / to put / to squeeze aus'drücken
·[n] expression / term / phrase der Ausdruck (ü, -e)
·[adj] expressly / explicitly / specifically ausdrücklich
[v] to facilitate / to ease erleichtern
·[adj] easy / simple leicht
[v] to fail / to collapse / to flounder scheitern
[v] to fall / to overthrow / to plummet stürzen
[v] to fall fallen (fällt) |fiel, gefallen|
[v] to fall asleep ein'schlafen (schläft ein) |schlief ein, eingeschlafen|*
[v] to fall down / to fall over hin'fallen (fällt hin) |fiel hin, hingefallen|*
[v] to fall in love with sich verlieben in*
[v] to fear / to dread fürchten
·[n] fear / dread die Furcht
[v] to fear / to worry / to suspect befürchten
[v] to feel / to sense sich fühlen
·[n] feeling / sense das Gefühl (-e)
[v] to fetch / to go get / to pick up holen
[v] to fight / to argue sich streiten |stritt, gestritten|
·[n] fight / dispute / argument der Streit (-e)
[v] to fight / to struggle / to compete for kämpfen um
·[n] fight / struggle / battle der Kampf (ä, -e)
[v] to file / to submit ein'reichen*
[v] to fill / to stuff füllen
[v] to finance / to fund finanzieren
·[n] funding / financing die Finanzierung (-en)
·[adj] financial finanziell
[v] to find / to locate finden |fand, gefunden|

- [v] **to find out** *about* / **to experience** / **to learn** erfahren *von* (erfährt) |erfuhr, erfahren|
- [n] **experience** / **know-how** die Erfahrung (-en)
- [v] **to find out** / **to figure out** heraus'finden |fand heraus, herausgefunden|*
- [v] **to finish** / **to conclude** / **to finalize** ab'schließen |schloss ab, abgeschlossen|
- [n] **conclusion** / **closure** / **degree (university)** der Abschluss (ü, -e)
- [n] **to fish** fischen*
- [v] **to fit** / **to match** passen
- [v] **to flow** / **to run** fließen
- [n] **river** / **stream** der Fluss (-e)
- [n] **liquid** / **fluid** die Flüssigkeit (-en)
- [adj] **liquid** / **flowing** flüssig
- [v] **to fly** fliegen |flog, geflogen|
- [n] **flight** der Flug (ü, -e)
- [n] **airplane** das Flugzeug (-e)
- [n] **airport** der Flughafen (ä)
- [v] **to follow** / **to pursue** / **to track** verfolgen
- [v] **to follow** *dat.* folgen
- [v] **to forbid** / **to prohibit** / **to ban** verbieten |verbot, verboten|
- [n] **ban** / **prohibition** das Verbot (-e)
- [v] **to force** / **to compel** zwingen |zwang, gezwungen|
- [n] **force** / **compulsion** / **coercion** der Zwang (ä, -e)
- [v] **to foresee** / **to forecast** vorher'sehen (sieht vorher) |sah vorher, vorhergesehen|*
- [v] **to forgive** vergeben
- [n] **forgiveness** / **pardon** die Vergebung (-en)
- [v] **to forget** vergessen (vergisst) |vergaß, vergessen|
- [v] **to form** / **to constitute** / **to make up** bilden
- [n] **education** / **formation** die Bildung (-en)
- [n] **picture** / **drawing** / **image** das Bild (-er)
- [v] **to form** / **to educate** / **to train** aus'bilden
- [n] **formation** / **education** / **training** die Ausbildung (-en)
- [v] **to form** / **to shape** / **to mold** formen*
- [v] **to formulate** / **to phrase** formulieren
- [v] **to forward** / **to send** / **to ship** versenden
- [n] **shipment** / **sending** die Versendung (-en)
- [v] **to free** / **to liberate** / **to release** befreien
- [v] **to freeze over** / **to ice over** vereisen*
- [v] **to fulfill** / **to satisfy** / **to meet** erfüllen
- [n] **fulfillment** / **performance** / **compliance** die Erfüllung (-en)
- [v] **to function** / **to work** / **to operate** funktionieren
- [n] **function** / **feature** die Funktion (-en)
- [v] **to gather** / **to assemble** versammeln*
- [v] **to get** / **to keep** / **to preserve** erhalten (erhält) |erhielt, erhalten|
- [n] **conservation** / **preservation** die Erhaltung (-en)
- [v] **to get** / **to obtain** / **to catch** kriegen
- [n] **war** der Krieg (-e)
- [v] **to get** *on* / **to board** ein'steigen *in* |stieg ein, eingestiegen|*
- [v] **to get out** / **to disembark** aus'steigen |stieg aus, ausgestiegen|*
- [v] **to get to know** / **to meet** kennen'lernen*
- [v] **to get up** / **to stand up** auf'stehen |stand auf, aufgestanden|*
- [v] **to give** / **to present** / **to bestow** schenken
- [n] **gift** / **present** das Geschenk (-e)*
- [v] **to give birth** gebären (gebiert) |gebar, geboren|
- [n] **birth** die Geburt (-en)
- [n] **birthday** der Geburtstag (-e)
- [v] **to give** geben (gibt) |gab, gegeben|
- [v] **to give up** / **to surrender** / **to abandon** auf'geben (gibt auf) |gab auf, aufgegeben|
- [v] **to go** / **to walk** / **to work** gehen |ging, gegangen|*
- [v] **to go by** / **to pass by** vorüber'gehen |ging vorüber, vorübergegangen|*
- [v] **to go out** aus'gehen |ging aus, ausgegangen|*
- [v] **to go up** / **to go off** hoch'gehen |ging hoch, hochgegangen|*
- [v] **to govern** / **to rule** regieren
- [n] **government** die Regierung (-en)
- [v] **to grab** / **to grip** / **to grasp** greifen
- [v] **to grant** / **to give** / **to concede** gewähren
- [v] **to grant** / **to give** / **to issue** erteilen
- [v] **to grasp** / **to touch** an'fassen
- [v] **to grasp** / **to understand** / **to interpret** auf'fassen
- [n] **conception** / **view** / **opinion** die Auffassung (-en)
- [v] **to grow** / **to expand** wachsen (wächst) |wuchs, gewachsen|
- [n] **growth** / **development** das Wachstum
- [v] **to guess** / **to advise** raten (rät) |riet, geraten|
- [n] **advice** der Rat
- [n] **advice** / **suggestion** der Ratschlag (ä, -e)*
- [v] **to guarantee** / **to ensure** gewährleisten
- [v] **to hang** hängen |hing, gehangen|
- [v] **to happen** / **to occur** geschehen (geschieht) |geschah, geschehen|
- [v] **to happen** / **to pass** / **to come about** passieren
- [v] **to happen** / **to take place** / **to occur** erfolgen
- [n] **success** / **prosperity** der Erfolg (-e)
- [adj] **successful** / **prosperous** erfolgreich
- [v] **to hate** hassen*
- [v] **to have** haben (du hast, es hat) |hatte, gehabt|
- [v] **to hear** hören
- [v] **to help** *with dat.* helfen *bei* (hilft) |half, geholfen|
- [n] **help** die Hilfe (-n)
- [v] **to hide** / **to conceal** verbergen (verbirgt) |verbarg, verborgen|
- [v] **to hide oneself** / **to take cover** sich verstecken
- [v] **to hit** / **to strike** / **to beat** schlagen (schlägt) |schlug, geschlagen|
- [n] **hit** / **strike** / **blow** der Schlag (ä, -e)
- [v] **to hold** / **to halt** / **to stop moving** halten (hält) |hielt, gehalten|
- [v] **to hold on to** / **to cling** fest'halten (hält fest) |hielt fest, festgehalten|
- [v] **to hope** hoffen
- [n] **hope** die Hoffnung (-en)
- [v] **to hurry** / **to rush** sich beeilen*
- [v] **to hurt** / **to violate** / **to injure** verletzen
- [n] **injury** / **violation** die Verletzung (-en)
- [v] **to hurt** / **to be painful** schmerzen
- [n] **pain** / **ache** der Schmerz (-en)
- [v] **to hurt** / **to cause pain** weh'tun |tat weh, wehgetan|*
- [v] **to imagine** *dat.* sich vor'stellen
- [n] **imagination** / **idea** / **introduction** die Vorstellung (-en)
- [v] **to implement** / **to convert** / **to translate** um'setzen
- [n] **implementation** / **conversion** / **translation** die Umsetzung (-en)
- [v] **to improve** / **to enhance** verbessern
- [n] **improvement** / **enhancement** die Verbesserung (-en)
- [v] **to include** / **to comprise** / **to encompass** umfassen
- [v] **to include** / **to contain** beinhalten
- [v] **to include** / **to incorporate** ein'schließen |schloss ein, eingeschlossen|
- [adj] **including** / **inclusive** einschließlich
- [v] **to increase** / **to grow** zu'nehmen (nimmt zu) |nahm zu, zugenommen|
- [v] **to increase** / **to improve** / **to enhance** steigern
- [n] **increase** / **rise** / **enhancement** die Steigerung (-en)
- [v] **to increase** / **to raise** / **to elevate** erhöhen
- [n] **increase** / **rise** / **elevation** die Erhöhung (-en)
- [v] **to indicate** / **to portend** hin'weisen |wies hin, hingewiesen|
- [n] **hint** / **clue** / **tip** der Hinweis (-e)
- [v] **to indicate** / **to state** an'geben (gibt an) |gab an, angegeben|
- [n] **indication** / **statement** die Angabe (-n)
- [v] **to influence** / **to affect** / **to manipulate** beeinflussen
- [n] **influence** / **effect** der Einfluss (ü, -e)
- [v] **to inform** / **to educate** informieren
- [n] **information** die Information
- [v] **to inform** / **to notify** / **to tell** mit'teilen
- [v] **to install** installieren
- [v] **to integrate** / **to incorporate** integrieren
- [v] **to interpret** / **to point** *to* deuten *auf*
- [n] **interpretation** die Deutung (-en)
- [v] **to introduce** / **to import** / **to establish** ein'führen
- [n] **introduction** / **launch** die Einführung (-en)
- [v] **to introduce** / **to present** vor'stellen
- [v] **to invest** / **to fund** investieren
- [v] **to invite** / **to offer** ein'laden (lädt ein) |lud ein, eingeladen|
- [n] **invitation** die Einladung (-en)
- [v] **to join** / **to enter into** bei'treten (tritt bei) |trat bei, beigetreten|*
- [v] **to judge** / **to assess** / **to measure** beurteilen
- [v] **to judge** / **to direct** / **to aim** richten
- [n] **judge** der Richter / die Richterin (-nen)
- [v] **to jump** springen |sprang, gesprungen|
- [v] **to justify** / **to establish** / **to substantiate** begründen
- [n] **reason** / **grounds** / **justification** die Begründung (-en)
- [v] **to justify** / **to warrant** rechtfertigen
- [v] **to keep** / **to retain** behalten (behält) |behielt, behalten|
- [v] **to keep** / **to store** auf'bewahren*
- [v] **to kick** / **to step** / **to tread** treten (tritt) |trat, getreten|
- [v] **to kill** töten
- [n] **death** der Tod (-e)
- [n] **dead person** (der / die) Tote (-n)
- [adj] **dead** / **deceased** tot
- [v] **to knock** klopfen*
- [v] **to know** wissen (weiß) |wusste, gewusst|
- [n] **knowledge** das Wissen
- [n] **science** die Wissenschaft (-en)
- [n] **scientist** der Wissenschaftler / die Wissenschaftlerin (-nen)
- [adj] **scientific** wissenschaftlich
- [v] **to know (people)** / **to be familiar with** kennen |kannte, gekannt|
- [n] **knowledge (one's own)** / **information** die Kenntnis
- [v] **to lack** / **to be missing** / **to err** fehlen
- [n] **error** / **fault** / **mistake** der Fehler
- [v] **to land** / **to disembark** landen
- [v] **to laugh** lachen
- [v] **to lay** / **to put** / **to place** legen
- [v] **to lead** führen
- [n] **leader** der Führer / die Führerin (-nen)
- [n] **leadership** / **guidance** / **management** die Führung (-en)
- [v] **to lead back** / **to attribute** zurück'führen
- [v] **to lean on** sich an'lehnen
- [v] **to leave** / **to abandon** / **to quit** verlassen (verlässt) |verließ, verlassen|
- [v] **to leave** / **to depart** ab'fahren (fährt ab) |fuhr ab, abgefahren|*
- [v] **to leave to** / **to entrust to** überlassen (überlässt) |überließ, überlassen|
- [v] **to lend** *to* / **to give** *to* verleihen *an* |verlieh, verliehen|
- [v] **to let** / **to allow** lassen (lässt) |ließ, gelassen|
- [v] **to lie (position)** liegen |lag, gelegen|
- [v] **to lick off** / **to lick clean** lecken*
- [v] **to lift** / **to raise** heben |hob, gehoben|
- [v] **to lift up** / **to elevate** hoch'heben |hob hoch, hochgehoben|*
- [v] **to like** mögen (mag) |mochte, gemocht|
- [v] **to limit** / **to restrict** / **to confine** begrenzen
- [n] **border** / **boundary** die Grenze (-n)
- [adj] **limited** / **restricted** begrenzt
- [v] **to listen** / **to pay attention** zu'hören*
- [v] **to live** / **to reside** wohnen
- [n] **apartment** / **residence** die Wohnung (-en)
- [n] **resident** / **inhabitant** der Einwohner / die Einwohnerin (-nen)
- [v] **to live** leben

- [n] **life** das Leben
- [adj] **alive / lively** lebendig
- [v] **to load** laden (lädt) |lud, geladen|
- [v] **to look / to look like / to appear** aus'sehen (sieht aus) |sah aus, ausgesehen|
- [n] **view / prospect / outlook** die Aussicht (-en)
- [v] **to look / to view** blicken
- [n] **look / view** der Blick (-e)
- [v] **to look / to watch** schauen
- [v] **to look at / to watch** dat. sich an'schauen*
- [v] **to look at / to view** an'sehen (sieht an) |sah an, angesehen|
- [v] **to lose** verlieren |verlor, verloren|
- [n] **loss / minus** der Verlust (-e)
- [v] **to love** lieben
- [n] **love** die Liebe (-n)
- [v] **to make / to do** machen
- [v] **to make an effort / to exert / to strain** sich an'strengen
- [n] **effort / exertion / strain** die Anstrengung (-en)
- [v] **to make sure / to ensure / to safeguard** sicher'stellen
- [v] **to manage / to administer** verwalten
- [n] **administration / management** die Verwaltung (-en)
- [v] **to marry** heiraten
- [n] **marriage** die Ehe
- [v] **may / to be allowed to** dürfen (darf) |durfte, gedurft|
- [v] **to mean / to think / to opine** meinen
- [n] **opinion** die Meinung (-en)
- [v] **to mean** bedeuten
- [n] **meaning** die Bedeutung
- [v] **to measure / to gauge** messen (misst) |maß, gemessen|
- [n] **measurement** die Messung (-en)
- [n] **measure / extent** das Maß (-e)
- [v] **to meet / to encounter** sich treffen (trifft) |traf, getroffen|
- [n] **meeting / encounter** das Treffen
- [v] **to mention / to refer to** erwähnen
- [v] **to miss (bus / train) / to miss out on** verpassen*
- [v] **to move** bewegen
- [n] **movement** die Bewegung (-en)
- [v] **to move over / to shift / to push** rücken
- [v] **must / have to** müssen (muss) |musste, gemusst|
- [v] **to name / to call** nennen |nannte, genannt|
- [v] **to need** brauchen
- [v] **to negotiate** aus'handeln
- [n] **negotiation / trial** die Verhandlung (-en)
- [v] **to note / to comment / to remark** an'merken
- [n] **note / comment / remark** die Anmerkung (-en)
- [v] **to note / to observe / to pay attention** beachten
- [v] **to notice / to observe** bemerken
- [n] **remark / comment / observation** die Bemerkung (-en)
- [v] **to notice / to remember / to realize** dat. sich merken
- [v] **to obey / to comply / to submit** sich fügen
- [v] **to observe / to watch / to notice** beobachten
- [n] **observation / surveillance** die Beobachtung (-en)
- [v] **to occupy / to cover / to verify** belegen
- [v] **to occupy / to fill** besetzen
- [n] **occupation / filling / cast** die Besetzung (-en)
- [v] **to occur / to appear / to behave / to tread** auf'treten (tritt auf) |trat auf, aufgetreten|
- [n] **appearance / entrance / act** der Auftritt (-e)
- [v] **to occur / to happen / to be found** vor'kommen |kam vor, vorgekommen|
- [v] **to offer / to feature / to bid** bieten |bot, geboten|
- [v] **to offer / to provide** an'bieten |bot an, angeboten|
- [n] **provider / supplier** der Anbieter / die Anbieterin
- [n] **offer / supply / proposal** das Angebot (-e)
- [v] **to open / to inaugurate** eröffnen
- [v] **to open / to unlock** öffnen
- [n] **public / publicity** die Öffentlichkeit (-en)
- [adj] **public / openly** öffentlich
- [v] **to operate / to conduct / to pursue** betreiben |betrieb, betrieben|
- [n] **business / company / operation** der Betrieb (-e)
- [v] **to order / to book / to reserve** bestellen
- [n] **order / booking / reservation** die Bestellung (-en)
- [v] **to order / to rule / to have at one's command** verfügen *über*
- [n] **order / decree / provision** die Verfügung (-en)
- [adj] **available / spendable / disposable** verfügbar
- [v] **to organize / to arrange** organisieren
- [n] **organization** die Organisation (-en)
- [v] **to organize / to arrange / to order** ordnen
- [n] **order / rule / arrangement** die Ordnung (-en)
- [v] **to orient oneself / to position oneself** sich orientieren
- [v] **to originate / to come from** entstehen *aus* |entstand, entstanden|
- [v] **to overcome / to conquer** überwinden |überwand, überwunden|
- [v] **to owe** schulden
- [n] **fault / blame / debt** die Schuld (-en)
- [n] **culprit / guilty party** (der / die) Schuldige (-n)*
- [adj] **innocent** unschuldig*
- [v] **to own / to possess / to hold** besitzen |besaß, besessen|
- [n] **possession** die Besitzung (-en)
- [n] **property / ownership** der Besitz
- [v] **to paint / to color** malen*
- [v] **to paint (artistic)** bemalen*
- [v] **to paint / to delete / to slash** streichen |strich, gestrichen|*
- [v] **to participate / to take part** teil'nehmen (nimmt teil) |nahm teil, teilgenommen|
- [n] **participant** der Teilnehmer / die Teilnehmerin (-nen)
- [n] **participation** die Teilnahme (-n)
- [v] **to participate** *in* / **to take part** *in* / **to involve oneself** *in* sich beteiligen *an*
- [n] **participation / involvement** die Beteiligung (-en)
- [n] **participant / party involved** (der / die) Beteiligte (-n)
- [v] **to pass (time) / to die** vergehen |verging, vergangen|
- [n] **past / history** die Vergangenheit (-en)
- [adj] **past / former / bygone** vergangen
- [v] **to pass / to hand over / to be sufficient** reichen
- [v] **to pass through / to go through** durch'laufen (läuft durch) |lief durch, durchgelaufen|*
- [v] **to paste / to insert** ein'fügen*
- [v] **to pay attention** *to* achten *auf*
- [n] **attention / warning / caution** die Achtung (-en)
- [v] **to pay for / to pay to (person)** bezahlen
- [v] **to pay / to cover the cost of** zahlen
- [v] **to peek / to look** gucken*
- [v] **to perceive / to be aware of** wahr'nehmen (nimmt wahr) |nahm wahr, wahrgenommen|
- [n] **perception / awareness** die Wahrnehmung (-en)
- [v] **to perform / to accomplish / to afford** leisten
- [n] **performance / accomplishment / benefits** die Leistung (-en)
- [v] **to photograph / to take photos** fotografieren
- [n] **photo** das Foto (-s)
- [v] **to pick up / to cancel / to abolish** auf'heben |hob auf, aufgehoben|
- [v] **to plan / to schedule** planen
- [n] **plan / map / schedule** der Plan (ä, -e)
- [n] **planning / strategy** die Planung (-en)
- [v] **to plant** pflanzen
- [n] **plants** die Pflanze (-n)
- [v] **to play** spielen
- [n] **game / match** das Spiel (-e)
- [n] **player** der Spieler / die Spielerin (-nen)
- [v] **to point / to show** weisen |wies, gewiesen|
- [v] **to portray / to depict / to represent** dar'stellen
- [n] **portrayal / depiction / representation** die Darstellung (-en)
- [v] **to pour** ein'schenken*
- [v] **to practice / to exercise / to drill** üben
- [n] **practice / exercise / drill** die Übung (-en)
- [v] **to predict / to foresee** ab'sehen (sieht ab) |sah ab, abgesehen|
- [v] **to predominate / to prevail** überwiegen |überwog, überwogen|
- [v] **to prepare / to make / to cause** bereiten
- [adj] **ready / willing** bereit
- [adv] **already** bereits
- [v] **to prepare** *for* / **to prearrange** vor'bereiten *auf*
- [n] **preparation / preliminary** die Vorbereitung (-en)
- [v] **to present / to introduce** präsentieren
- [v] **to preserve / to keep / to retain** bewahren
- [v] **to press / to push / to print** drücken
- [n] **printer** der Drucker
- [n] **pressing / pressure / printing** der Druck (ü, -er)
- [v] **to prevent / to hinder** verhindern
- [n] **prevention / stopping** die Verhinderung (-en)
- [v] **to produce / to generate / to manufacture** erzeugen
- [v] **to produce / to make / to manufacture** her'stellen
- [n] **producer / manufacturer** der Hersteller
- [v] **to produce / to manufacture** produzieren
- [v] **to profit / to benefit** profitieren
- [v] **to promise / to pledge** versprechen
- [v] **to promote / to encourage / to foster** fördern
- [n] **promotion / advancement / support** die Förderung (-en)
- [v] **to prompt / to request / to invite** auf'fordern
- [v] **to pronounce / to express** aus'sprechen (spricht aus) |sprach aus, ausgesprochen|
- [n] **pronunciation / accent** die Aussprache
- [v] **to protect / to guard** schützen
- [n] **protection / shelter** der Schutz
- [v] **to prove / to detect / to verify** nach'weisen |wies nach, nachgewiesen|
- [v] **to prove / to demonstrate** beweisen |bewies, bewiesen|
- [n] **proof / evidence** der Beweis (-e)
- [v] **to prove to be / to turn out to be** sich erweisen |erwies, erwiesen|
- [v] **to provide / to plan / to intend** vor'sehen (sieht vor) |sah vor, vorgesehen|
- [v] **to publish / to postpone / to reschedule** verlegen
- [n] **publisher / publishing house** der Verlag (-e)
- [v] **to publish / to release** veröffentlichen
- [n] **publication / release** die Veröffentlichung (-en)
- [v] **to pull / to move** ziehen |zog, gezogen|
- [v] **to punish / to penalize** bestrafen
- [n] **punishment / penalty** die Strafe (-n)
- [v] **to push / to kick** stoßen (stößt) |stieß, gestoßen|
- [n] **hit / kick / push** der Stoß (ö, -e)*
- [v] **to push / to move** schieben |schob, geschoben|
- [v] **to shove / to push** schubsen*
- [v] **to push over / to knock over** um'stoßen (stößt um) |stieß um, umgestoßen|*
- [v] **to push through / to assert / to enforce** durch'setzen
- [v] **to push / to urge** drängen
- [n] **urge / drive / compulsion** der Drang (ä, -e)
- [adj] **urgent / desperate** dringend
- [v] **to put / place / set (vertical / standing)** stellen
- [n] **spot / point / place / job** die Stelle (-n)
- [n] **position / opinion / job** die Stellung (-en)
- [v] **to put / to poke / to stick** stecken
- [v] **to quote / to cite** zitieren
- [n] **quotation / citation** das Zitat (-e)
- [v] **to raise / to elevate / to impose** erheben |erhob, erhoben|
- [adj] **substantial / considerable / vast** erheblich
- [v] **to reach / to achieve** erreichen

- [v] to reach / to end up / to arrive gelangen
- [v] to reach an agreement / to settle / to make a deal vereinbaren
- [n] agreement / arrangement die Vereinbarung (-en)
- [v] to react to / to respond to reagieren auf
- [v] to read lesen (liest) |las, gelesen|
- [n] reader der Leser / die Leserin (-nen)
- [adj] legible / readable leserlich*
- [v] to realize / to implement / to put into practice realisieren
- [v] to rearrange / to reposition / to adjust um'stellen*
- [v] to receive / to get bekommen |bekam, bekommen|
- [v] to receive / to welcome / to greet empfangen (empfängt) |empfing, empfangen|
- [v] to recognize / to respect / to acknowledge an'erkennen |erkannte an, anerkannt|
- [n] recognition / respect / acknowledgment die Anerkennung (-en)
- [v] to recognize / to recognize / to realize erkennen
- [n] understanding / knowledge / realization die Erkenntnis (-se)
- [adj] recognizable / identifiable erkennbar
- [v] to recommend empfehlen (empfiehlt) |empfahl, empfohlen|
- [n] recommendation die Empfehlung (-en)
- [v] to record / to register / to inscribe ein'tragen (trägt ein) |trug ein, eingetragen|
- [n] entry / input der Eintrag (ä, -e)
- [v] to record / to take / to receive / to absorb auf'nehmen (nimmt auf) |nahm auf, aufgenommen|
- [n] recording / admission / reception die Aufnahme (-n)
- [v] to reduce / to decrease reduzieren
- [n] reduction / decrease / cut-back die Reduzierung (-en)
- [v] to refer to / to point to verweisen auf |verwies, verwiesen|
- [v] to refuse / to decline ab'lehnen
- [v] to register / to record registrieren
- [v] to regulate / to govern / to rule regeln
- [n] rule / regulation / policy die Regel (-n)
- [n] control / regulation / arrangement die Regelung (-en)
- [adj] regular / regularly regelmäßig
- [n] regularity Regelmäßigkeit (-en)*
- [v] to regulate (law) regulieren*
- [n] regulation (law) die Regulierung (-en)*
- [v] to relate to / to correspond to sich beziehen auf |bezog, bezogen|
- [n] relationship / correlation die Beziehung (-en)
- [v] to release / to free / to let go entlassen (entlässt) |entließ, entlassen|*
- [v] to remember / to remind / to recall sich erinnern an
- [n] memory / reminder / recollection die Erinnerung (-en)
- [v] to remove / to eliminate / to dispose of beseitigen
- [v] to renew / to replace / to regenerate erneuern
- [n] renewal / replacement die Erneuerung
- [adj] again / anew erneut
- [v] to repeat wiederholen
- [v] to replace / to change / to upgrade ersetzen
- [n] replacement / substitution die Ersetzung (-en)
- [v] to report / to notify / to signal melden
- [n] report / message / notification die Meldung (-en)
- [v] to report / to tell berichten
- [n] report / account / story der Bericht (-e)
- [v] to represent vertreten
- [n] representative der Vertreter / die Vertreterin (-nen)
- [v] to request / to ask / to beg for bitten um |bat, gebeten|
- [n] request / plea die Bitte (-n)
- [v] to request / to ask for an'fordern
- [n] request / order die Anforderung (-en)
- [v] to request / to ask for / to inquire an'fragen um
- [n] request / inquiry die Anfrage (-n)
- [v] to require / to be in need of benötigen
- [v] to require / to demand (by a person) fordern
- [n] demand / request die Forderung (-en)
- [v] to require / to demand / to call for erfordern
- [adj] required / necessary erforderlich
- [v] to research forschen
- [n] research die Forschung (-en)
- [n] researcher / scientist der Forscher / die Forscherin (-nen)
- [v] to respond / to reply / to answer antworten auf
- [n] reply / response / answer die Antwort (-en)
- [v] to restrict / to limit beschränken
- [v] to return / to go back zurück'kehren
- [n] return trip / comeback die Rückkehr
- [v] to revoke / to withdraw / to extract entziehen |entzog, entzogen|
- [v] to ring klingeln*
- [v] to rip / to tear zerreißen |zerriss, zerrissen|
- [v] to risk / to venture / to dare wagen
- [v] to rule / to reign / to prevail herrschen
- [n] rule / reign / dominion die Herrschaft
- [v] to run away weg'laufen (läuft weg) |lief weg, weggelaufen|*
- [v] to run / to perform / to execute aus'führen
- [n] execution / implementation / performance die Ausführung
- [adj] detailed / comprehensive / extensive ausführlich
- [v] to run / to proceed / to deviate verlaufen (verläuft) |verlief, verlaufen|
- [n] course / process / progression der Verlauf (ä, -e)
- [v] to run / to sprint rennen*
- [v] to run / to walk / to go laufen (läuft) |lief, gelaufen|
- [n] run / course der Lauf (ä, -e)
- [v] to sacrifice / to offer opfern
- [n] sacrifice / offering / victim das Opfer
- [v] to save / to conserve sparen
- [v] to save / to store / to record speichern
- [n] storage / memory / tank der Speicher
- [v] to save / to rescue retten
- [n] salvation / rescue die Rettung (-en)
- [v] to pass a law / to adopt verabschieden
- [v] to say sagen
- [v] to scream / to shout schreien |schrie, geschrien|
- [v] to search / look for suchen nach
- [n] search die Suche (-n)
- [v] to secure / to ensure sichern
- [n] safety / security die Sicherheit (-en)
- [adj] safe / secure sicher
- [adv] surely / certainly sicherlich
- [v] to see sehen (sieht) |sah, gesehen|
- [n] view / sight / visibility die Sicht
- [adj] visible / exposed sichtbar
- [v] to see / to understand / to realize ein'sehen (sieht ein) |sah ein, eingesehen|
- [n] insight / understanding / knowledge die Einsicht (-en)
- [v] to sell verkaufen
- [n] sale / selling der Verkauf (ä, -e)
- [v] to send / to transmit / to broadcast senden
- [n] transmission / broadcast die Sendung (-en)
- [v] to send schicken
- [v] to sense / to feel / to perceive spüren
- [n] sign / hint / trace / tracks die Spur (-en)
- [v] to sense / to feel empfinden |empfand, empfunden|
- [v] to separate / to split / to share teilen
- [n] part / share / portion der Teil (-e)
- [v] to separate / to disconnect trennen
- [n] separation / division / segregation die Trennung (-en)
- [v] to serve / to be in service of dienen
- [n] service / duty / work der Dienst (-e)
- [n] service (business) die Dienstleistung (-en)
- [v] to serve / to wait on / to attend bedienen
- [n] condition / term / requirement die Bedingung (-en)
- [v] to set / to put (sitting) / to sit down setzen
- [v] to set up / to furnish / to arrange ein'richten
- [n] facilities / furnishings / equipment die Einrichtung (-en)
- [v] shall / should sollen (soll)
- [v] to shape / to form / to fashion gestalten
- [n] shape / form die Gestalt (-en)
- [n] layout / design / arrangement die Gestaltung (-en)
- [v] to shape / to mold / to characterize prägen
- [v] to shine / to appear / to seem scheinen |schien, geschienen|
- [v] to shock schockieren*
- [v] to shoot / to fire schießen |schoss, geschossen|
- [v] to show / to display / to indicate an'zeigen
- [n] display / advertisement die Anzeige (-n)
- [v] to show zeigen
- [v] to seize / to grasp / to apprehend ergreifen |ergriff, ergriffen|
- [v] to sing singen |sang, gesungen|
- [v] to sink / to drop / to decline sinken |sank, gesunken|
- [v] to sink / to lower / to reduce senken
- [v] to sit / to be sitting sitzen |saß, gesessen|
- [n] meeting / session / sitting die Sitzung (-en)
- [n] seat der Sitz (-e)
- [v] to sleep schlafen (schläft) |schlief, geschlafen|
- [v] to slip aus'rutschen*
- [v] to smoke rauchen*
- [v] to snow schneien*
- [n] snow der Schnee*
- [v] to solve / to resolve / to release lösen
- [n] solution / resolution die Lösung (-en)
- [v] to sound / to ring klingen |klang, geklungen|
- [v] to sound (good / bad) sich an'hören*
- [v] to speak sprechen (spricht) |sprach, gesprochen|
- [n] talk / conversation das Gespräch (-e)
- [n] language die Sprache (-n)
- [n] speaker der Sprecher / die Sprecherin (-nen)
- [v] to spend (time) verbringen |verbrachte, verbracht|
- [v] to spend / to issue / to dispense aus'geben (gibt aus) |gab aus, ausgegeben|
- [n] expense / edition / issue die Ausgabe (-n)
- [v] to spread / to distribute verbreiten
- [n] spread / distribution die Verbreitung (-en)
- [v] to stand stehen |stand, gestanden|
- [v] to start / to begin / to initiate an'fangen (fängt an) |fing an, angefangen|
- [n] start / beginning / origin der Anfang (ä, -e)
- [v] to start / to launch starten
- [v] to state / to testify aus'sagen
- [n] statement / testimony die Aussage (-n)
- [v] to stay / to remain bleiben |blieb, geblieben|
- [v] to stick out / to be apart from ab'stehen |stand ab, abgestanden|
- [n] distance / gap / interval der Abstand (ä, -e)
- [v] to strengthen / to reinforce stärken
- [n] strength / thickness / intensity die Stärke (-n)
- [adj] strong stark
- [v] to study / to learn lernen
- [v] to study / to major studieren
- [n] study (scientific) / trial die Studie (-n)
- [v] to submit / to present / to show vor'legen
- [v] to succeed gelingen |gelang, gelungen|
- [v] to suffer leiden
- [n] suffering / sorrow das Leid
- [adv] unfortunately / sadly leider
- [v] to suggest / to propose vor'schlagen (schlägt vor) |schlug vor, vorgeschlagen|

- [n] **suggestion / proposal** der Vorschlag (ä, -e)
- [v] **to sunbathe / to tan** sich sonnen*
- [v] **to support / to aid** unterstützen
- [n] **support / aid** die Unterstützung (-en)
- [v] **to support / to prop up** stützen
- [n] **support / backing / pillar** die Stütze (-n)
- [v] **to surprise / to astonish** überraschen
- [n] **to surround / to encircle** umgeben |umgab, umgeben|*
- [v] **to suspect / to assume / to guess** vermuten
- [adj] **probable / suspected / assumed** vermutlich
- [v] **to sweep** kehren
- [v] **to swim** schwimmen (schwimmt) |schwamm, geschwommen|*
- [v] **to tackle (problem) / to concern / to turn on** an'gehen |ging an, angegangen|
- [v] **to take** nehmen (nimmt) |nahm, genommen|
- [v] **to take care** of sich kümmern um
- [v] **to take care of / to handle / to deal with** erledigen
- [v] **to take in / to earn / to capture** ein'nehmen (nimmt ein) |nahm ein, eingenommen|
- [n] **income / intake / consumption** die Einnahme (-n)
- [v] **to take on / to take over / to assume** übernehmen (übernimmt) |übernahm, übernommen|
- [n] **take over / acceptance / adoption** die Übernahme (-n)
- [v] **to take place** statt'finden |fand statt, stattgefunden|
- [v] **to take responsibility / to answer for** sich verantworten
- [n] **responsibility / liability** die Verantwortung (-en)
- [adj] **responsible / liable / accountable** verantwortlich
- [v] **to take time / to last** dauern
- [n] **duration / length / period** die Dauer
- [adj] **permanent / lasting / durable** dauerhaft
- [v] **to talk** about / **to speak** reden von
- [n] **speech / talk** die Rede (-n)
- [v] **to taste** schmecken*
- [n] **taste / flavor** der Geschmack (ä, -e)*
- [v] **to teach / to instruct** unterrichten
- [n] **lesson / class / instruction** der Unterricht (-e)
- [v] **to teach** lehren
- [n] **teacher** der Lehrer / die Lehrerin (-nen)
- [n] **teachings / doctrine** die Lehre (-n)
- [v] **to tell / to report** erzählen
- [n] **story / narration** die Erzählung (-en)
- [v] **to terminate / to cancel** kündigen
- [v] **to thank** danken
- [n] **thanks** der Dank
- [v] **to think** of / about denken an |dachte, gedacht|
- [n] **thinking / reasoning** das Denken
- [n] **thought / idea** der Gedanke (-n)
- [v] **to think / to reflect / to meditate** nach'denken
- [v] **to threaten** bedrohen
- [v] **to throw / to toss / to cast** werfen (wirft) |warf, geworfen|
- [v] **to tie / to bind / to bundle** binden |band, gebunden|
- [n] **tie / binding / bond** die Bindung (-en)
- [v] **to tighten / to stretch / to strain** spannen
- [n] **tension / pressure / stress** die Spannung (-en)
- [v] **to touch / to come into contact** berühren
- [v] **to transfer / to transmit** übertragen (überträgt) |übertrug, übertragen|
- [v] **to transfer / to shift / to stand up (date)** versetzen
- [v] **to transform / to convert** verwandeln
- [n] **transformation / conversion / metamorphosis** die Verwandlung (-en)
- [v] **to translate / to interpret** übersetzen
- [n] **translation / interpretation** die Übersetzung (-en)
- [v] **to travel / to journey** reisen
- [v] **to treat / to handle / to deal with** behandeln
- [n] **treatment / handling** die Behandlung (-en)
- [v] **to trigger / to cause / to set off** aus'lösen
- [n] **release / activation** die Auslösung (-en)
- [v] **to trust / to have confidence in** dat. vertrauen
- [n] **trust / confidence** das Vertrauen
- [v] **to try / to attempt** versuchen
- [n] **attempt / trial / experiment** der Versuch (-e)
- [v] **to try / to taste / to sample** probieren*
- [v] **to turn / to bend** ab'biegen |bog ab, abgebogen|*
- [v] **to turn / to spin** drehen
- [v] **to turn / to rotate** wenden
- [v] **to turn off / to be made of** aus'machen
- [v] **to understand / to comprehend / to realize** begreifen |begriff, begriffen|
- [n] **term / concept / notion / idea** der Begriff (-e)
- [v] **to understand** verstehen |verstand, verstanden|
- [n] **understanding / sympathy** das Verständnis (-se)
- [adj] **understandable / intelligible** verständlich
- [v] **to undertake / to do / to venture** unternehmen (unternimmt) |unternam, unternommen|
- [n] **business / enterprise / venture** das Unternehmen
- [n] **entrepreneur / businessperson** der Unternehmer / die Unternehmerin (-nen)
- [v] **to unite / to join / to combine** vereinen
- [n] **unification / union** die Vereinigung (-en)
- [n] **club / society / association** der Verein (-e)
- [adj] **united** vereinigt
- [v] **to unpack / to unwrap** aus'packen*
- [v] **to upload** hoch'laden (lädt hoch) |lud hoch, hochgeladen|*
- [v] **to use / to benefit from / to take advantage of** nutzen
- [n] **usefulness / benefit / profit / gain** der Nutzen
- [n] **use / utilization** die Nutzung (-en)
- [adj] **useful / beneficial** nützlich
- [v] **to use / to deploy / to start** ein'setzen
- [n] **use / deployment / commitment** der Einsatz (ä, -e)
- [v] **to use / to utilize** benutzen
- [n] **user** der Benutzer / die Benutzerin (-nen)
- [v] **to use** as / **to utilize** for verwenden für |verwendete/verwandte, verwendet/verwandt|
- [n] **use / utilization / application** die Verwendung (-en)
- [v] **to visit / to attend / to tour** besuchen
- [n] **visit / attendance** der Besuch (-e)
- [n] **visitor** der Besucher / die Besucherin (-nen)
- [v] **to vomit / to throw up** erbrechen (erbricht) |erbrach, erbrochen|*
- [v] **to vote / to be correct** stimmen
- [n] **vote / voice** die Stimme (-n)
- [v] **to vote / to elect** wählen
- [n] **vote / election / ballot** die Wahl (-en)
- [v] **to wait** warten
- [v] **to walk** spazieren*
- [v] **to want** wollen (will)
- [v] **to watch / to spectate / to observe** zu'schauen
- [n] **spectator / observer** der Zuschauer / die Zuschauerin (-nen)
- [v] **to warn** about warnen vor
- [v] **to wash** waschen (wäscht) |wusch, gewaschen|*
- [v] **to watch TV** fern'sehen (sieht fern) |sah fern, ferngesehen|
- [n] **TV (object)** der Fernseher
- [n] **television (concept)** das Fernsehen
- [v] **to wear / to carry** tragen (trägt) |trug, getragen|
- [v] **to welcome / to greet / to receive (someone)** begrüßen
- [n] **greeting / salutation** der Gruß (ü, -e)
- [v] **to win / to be victorious** siegen
- [n] **victory / win** der Sieg (-e)
- [v] **to win / to gain** gewinnen |gewann, gewonnen|
- [n] **win / gain / profit** der Gewinn (-e)
- [v] **to wish / to want** dat. sich wünschen
- [n] **wish** der Wunsch (ü, -e)
- [v] **to work / to function / to have an effect** wirken
- [n] **effect / impact / reaction** die Wirkung (-en)
- [adj] **effective / efficient / potent** wirksam
- [v] **to work** arbeiten
- [n] **worker** der Arbeiter / die Arbeiterin (-nen)
- [n] **employer** der Arbeitgeber / die Arbeitgeberin (-nen)
- [n] **work / job** die Arbeit (-en)
- [v] **to worry** about sich sorgen um
- [n] **worry / concern** die Sorge (-n)
- [v] **to write / to compose** verfassen
- [n] **constitution / condition** die Verfassung (-en)
- [v] **to write** schreiben |schrieb, geschrieben|
- [n] **writing / letter** das Schreiben
- [v] **to yield / to produce** ergeben (ergibt) |ergab, ergeben|
- [n] **result / outcome** das Ergebnis (-se)
- [n] **tradition** die Tradition (-en)
- [adj] **traditional** traditionell
- [n] **traffic / transportation** der Verkehr (-e)
- [n] **train / railway** die Bahn (-en)
- [n] **train** der Zug (ü, -e)
- [n] **train station** der Bahnhof (ö, -e)*
- [n] **translator** der Übersetzer / die Übersetzerin (-nen)*
- [n] **treasure** der Schatz (ä, -e)*
- [n] **tree** der Baum (ä, -e)
- [n] **troop / force / squad** die Truppe (-n)
- [n] **trouble / hassle / effort** die Mühe (-n)
- [n] **truth** die Wahrheit
- [adj] **true / factual** wahr
- [n] **type / guy / fellow** der Typ (-en)
- [adj] **typical** typisch
- [adj] **under** unter
- [n] **unemployment** die Arbeitslosigkeit
- [n] **union** die Union (-en)
- [n] **unity** die Einheit (-en)
- [adj] **uniform / consistent / unified** einheitlich
- [n] **university** die Universität (-en)
- [adj] **unknown / unidentified** unbekannt
- [adj] **unusual / extraordinary** ungewöhnlich
- [n] **use / application / custom** der Gebrauch
- [adj] **usual / common / ordinary** gewöhnlich
- [n] **vacation / holiday** der Urlaub (-e)
- [n] **variant / mutation** die Variante (-n)
- [n] **variety / plurality / multiplicity** die Vielzahl
- [n] **vegetables** das Gemüse*
- [n] **vehicle / car** das Fahrzeug (-e)
- [n] **version** die Version (-en)
- [adv] **very** sehr
- [n] **vicinity / proximity** die Nähe
- [adj] **close / near / nearby** nah / nahe
- [adv] **nearly / almost / virtually** nahezu
- [n] **video game** das Videospiel (-e)*
- [n] **viewpoint / standpoint** der Standpunkt (-e)
- [n] **village** das Dorf (ö, -er)
- [n] **violence / force / power** die Gewalt (-en)
- [adj] **powerful / huge / formidable** gewaltig
- [adj] **violent / fierce / intense** heftig
- [adj] **voluntarily / willingly** freiwillig
- [n] **wages / pay / salary** der Lohn (ö, -e)
- [n] **waiter / waitress** der Kellner / die Kellnerin (-nen)*
- [n] **wall (inside)** die Wand (ä, -e)
- [n] **wall (outside)** die Mauer (-n)

[adj] **warm** warm
[n] **water** das Wasser
[n] **wave** die Welle (-n)
[n] **way / manner** die Weise (-n)
[adj] **weak / faint** schwach
[n] **weapon / gun** die Waffe (-n)
[n] **weather** das Wetter
[n] **week** die Woche (-n)
[n] **weekend** das Wochenende (-n)
[n] **weight** das Gewicht (-e)
[n] **weight lifting / workout** das Training (-s)*
[adj] **welcome** willkommen*
[n] **west** der Westen
·[adj] **western** westlich
[n] **while** die Weile*
[adj] **white** weiß
[adj] **wide / broad** breit
[n] **will / volition** der Wille (-n)
[n] **wind** der Wind (-e)
[n] **window** das Fenster
[n] **wine** der Wein (-e)
[n] **winter** der Winter

[n] **witness** der Zeuge (-n) / die Zeugin (-nen)*
[n] **woman / wife** die Frau (-en)
[adj] **wonderful** wunderbar
[n] **word** das Wort (ö, -er)
[adj] **word-for-word / verbatim** wortwörtlich*
[n] **work / plant / factory** das Werk (-e)
[n] **workplace** der Arbeitsplatz (ä, -e)
[n] **world** die Welt (-en)
[n] **world war** der Weltkrieg (-e)
[adj] **worldwide** weltweit
[n] **worth / value** der Wert (-e)
·[adj] **valuable / precious** wertvoll
[n] **wound** die Wunde (-n)
[n] **yard / courtyard** der Hof (ö, -e)
[n] **year** das Jahr (-e)
·[adj] **yearly** jährlich
[adj] **yellow** gelb
[adv] **yesterday** gestern
[n] **youth / young person** die Jugend
·[adj] **young** jung

92

Printed in Great Britain
by Amazon

77958294R00054